企业文化落地

从战略到实践

吴林君 / 著

中华工商联合出版社

图书在版编目（CIP）数据

企业文化落地：从战略到实践 / 吴林君著.

北京：中华工商联合出版社，2025.7. -- ISBN 978-7
-5158-4305-6

Ⅰ．F272-05

中国国家版本馆 CIP 数据核字第 2025FY4975 号

企业文化落地：从战略到实践

作　　者	吴林君
出 品 人	刘　刚
责任编辑	于建廷　效慧辉
装帧设计	水玉银文化
责任审读	傅德华
责任印制	陈德松
出版发行	中华工商联合出版社有限责任公司
印　　刷	三河市宏盛印务有限公司
版　　次	2025 年 9 月第 1 版
印　　次	2025 年 9 月第 1 次印刷
开　　本	710mm×1000 mm　1/16
字　　数	240 千字
印　　张	14.75
书　　号	ISBN 978-7-5158-4305-6
定　　价	68.00 元

服务热线：010-58301130-0（前台）
销售热线：010-58301132（发行部）
　　　　　010-58302977（网络部）
　　　　　010-58302837（馆配部）
　　　　　010-58302813（团购部）
地址邮编：北京市西城区西环广场 A 座
　　　　　19-20 层，100044
http://www.chgslcbs.cn
投稿热线：010-58302907（总编室）
投稿邮箱：1621239583@qq.com

工商联版图书
版权所有　侵权必究

凡本社图书出现印装质量问题，
请与印务部联系。

联系电话：010-58302915

前 言

"十亿企业靠销售,百亿企业靠产品,千亿企业靠文化。"优秀企业和卓越企业差异化的重要因素,就是企业文化。

而在做企业过程中,实战才是根本。如果说文化理念的提炼在项目成功中占1%的比重,那么,将文化理念转化为具体行为则占项目成功99%的比重。

在实战中,打造企业文化很难,难点在于以下三方面。

一是难在定位。企业文化总给人一种虚、高、大的感觉,虚是因为感觉它不是做实事,属于意识层面;高是因为感觉这是高管尤其是老板的事,高高在上;大是因为感觉"使命、愿景、价值观"这类词不好理解,不便执行。

二是难在落地。从理念到行为,从"说到"到"做到",如果没有规划,没有目标,就很难衡量到底落地了没有。偏偏文化要"用"了才产生作用,这就很容易导致进入死循环:你说文化要先"用",但不知道什么时候才产生作用,今年的KPI完不成,谁负责呀,于是把文化的优先级无限推后。一推后,文化就不知道何时才能落地。不落地,不"用"文化,文化的作用也就难以显现了。

三是难在坚持。客户也认为文化统领全局,文化能作用于业务,一旦我们继续问,您打算花几年时间落地文化,便是久久地沉默。

"天下难事，必作于易；天下大事，必作于细。"企业文化理念概括起来就是8个字：共识共创，凝心聚力。企业文化落地就是16个字：内化于心，外化于行，固化于制，物化于境。

具体怎么做？本书就是通过15项关键举措，使企业文化落地。其中，打造文化向心力的3项关键举措为文化调研、高管共创、文化手册；打造文化渗透力的3项关键举措为立体传播、活动植入、文化大使；打造文化领导力的3项关键举措为干部"学"文化、干部"讲"文化、干部"用"文化；打造文化规范力的3项关键举措为文化和制度的软硬平衡与适配、把理念转化为日常行为准则、文化嵌入制度；打造文化行动力的3项关键举措为形成文化自觉、让文化有现实结果、文化的生态进化。

为什么要写这本书呢？

一是基于经历。2016年，我从甲方来到乙方做企业文化咨询项目，当时做的文化项目是需要三五个咨询师驻场三个月到半年，为客户量身定制企业文化建设和落地方案。输出的企业文化文本内容在大会上一通过，咨询师团队就马上撤回，属于一次性服务。后续的文化落地，要续签项目。2021年4月，我来到一家"有梦想"的企业，在企业高速成长期做了企业文化落地项目。9月，项目做到一半，客户提出要求，希望签订常年文化顾问合同，协助企业进行文化落地，动态地应对发展过程中的文化问题。这一做就到了2025年。

同时，在为另一个客户做企业文化升维项目时，客户也对我提出长期陪跑的期望。而且，2016年服务过的老客户，也找到我，希望后续能帮助公司实现更大的五年战略目标，有问题就辅导，把文化真正落实下去，最终达成战略目标，做好文化管理，实现公司愿景。

但顾问的时间是有限的，一个顾问常年服务三五个客户已经是极限了。有一天，S客户的文化总监对我说："吴老师，你不在公司驻场的时候，我

| 前 言 |

们希望复制一个你。人不能复制，你的经验可以复制，你能不能写一本书，让我们新来的员工能快速上手，做出成绩？"

"好哇，这也是我的梦想。"我爽快地回答。

真抓实干，马上就办。

二是基于责任。作为一个资深企业文化工作者，我有二十余年的甲乙方企业文化工作经验。在甲方和在乙方是有很大不同的：在甲方工作时，文化上是执行者的角色，实践上有很多的经验和方法，但理论上的知识只能靠读书，目标上的引领只能靠上级；在乙方工作时，能看到很多企业不同的文化建设和落地的方法，但因为企业文化项目一般都是领导亲自抓，所以能够更深切地理解企业文化对于企业发展的意义，更充分地体会到"思想权和文化权是企业最大的管理权"，更接地气地把理论和实践进行反思与融合。

某客户在做文化落地之前，请我给60多位文化大使讲企业文化。培训过程中，文化大使们纷纷吐槽：我们的价值感很低，做企业文化工作没有抓手，同事的感知度也低，觉得文化就是搞搞活动，发发福利，热闹一下现场，活跃一下气氛。而且，企业文化部空缺的岗位也常年不能按需到岗。

企业文化部领导很会抓重点，马上问我："吴老师，你能不能出一个培训课程，对文化大使进行内部培养？"

"培训没问题，但是不只是培训，更是教育，是长期主义。"我答道。

确实，本身重视企业文化并设置专门岗位的企业很少，熟悉一整套文化落地体系的人员更是少之又少。内部培养这个诉求，在我所服务的客户中，是个普遍想象。

客户第一，客户有需求的地方，就是我们创造价值的所在。那些与客户一起绞尽脑汁产出的成果，那些和客户一起复盘而来的经验总结、落地心得，我不能独享，而是有责任写出来并将之扩散，让新手企业文化专员都能看得懂、用得上，让更多的文化工作者多一份参考。

三是基于反思。本书不是一本系统的企业文化建设与落地的理论著作，更多的是一本自我批判日记和实践经验分享合集。书中，我真诚地将自己二十余年的甲乙方企业文化工作中高频次遇到的问题和解决方案进行了记录、梳理、分析与呈现。

这就是我写这本书的初衷，书里都是在客户的实践中可操作性比较强且实际效果比较好的做法，如果有幸能够成为读者在企业文化工作中可参考借鉴的"垫脚石"，为读者创造价值，让读者少走弯路，那就是我莫大的荣幸。

第一章　文化向心力：优秀实践的复制密码

第一节　文化调研：你的文化DNA藏在哪？/ 005

1. 通过调研连接现在和未来 / 005

2. 如何做好文化调研 / 009

小结 / 039

第二节　高管共创：让文化战略从会议室走进生产线 / 041

1. 企业文化等于企业家文化吗？/ 042

2. 高管共创的必要性和步骤 / 048

3. 如何共创使命、愿景、价值观？/ 050

小结 / 061

第三节　企业文化手册 / 062

1. 文化理念萃取正在发生的变化 / 063

2. 大文化手册的框架 / 065

3. 小文化手册的框架 / 068

小结 / 070

第二章　文化渗透力：从思想松土到人人张口就来

第一节　立体传播：多维互动促共享 / 077

1. 统一思想不等于会背诵 / 077
2. 文化传播的十种常用形式 / 080
3. 理性对待员工"吐槽" / 090

小结 / 092

第二节　在活动中刻意植入文化 / 093

1. 不放过每一个"节日" / 094
2. 打造独特的"文化活动" / 099
3. "大家"带"小家"，践行 ESG 理念 / 102

小结 / 104

第三节　文化大使，组织"末梢"变身文化"前哨" / 105

1. 文化大使，解决文化渗透"最后一公里"问题 / 106
2. 筛了马，还要晒马，更要赛马 / 109
3. 发挥"文化铁三角"合力，将文化渗透到业务 / 116

小结 / 120

第三章　文化领导力：从"两张皮"到"一体两面"

第一节　干部"学"文化，为干部赋能 / 125

1. 对高层管理者赋"心"能，多做"思想团建" / 126
2. 对中层管理者赋"胜"能，多做"沙盘团建" / 129
3. 对基层管理者赋"才"能，多做"成长团建" / 132

小结 / 134

| 目　录 |

第二节　干部"讲"文化，随时随地随事 / 136

　　1. 开会时：给会议加点"文化料" / 136

　　2. 反馈时：表扬"上价值"，批评"讲损失" / 139

　　3. 庆功时：既是业绩标杆，也是文化标杆 / 142

　　小结 / 143

第三节　干部"用"文化，成就人，成就事 / 144

　　1. 干部要无缝对接文化语言和业务语言 / 145

　　2. "用文化"，改变认知助成长 / 146

　　3. "用文化"，落实行动打胜仗 / 149

　　小结 / 150

第四章　文化规范力：将文化理念转化为行为标准

第一节　文化和制度，软硬的平衡与适配 / 157

　　1. 制度与文化要保持动态平衡 / 157

　　2. 制度要与文化理念适配 / 160

　　小结 / 163

第二节　把理念转化为日常行为准则 / 164

　　1. 理念只有行为化，才"有用"且"好用" / 164

　　2. 要想执行好，评价考核少不了 / 169

　　小结 / 176

第三节　文化嵌入制度：以文识人、以文育人、以文励人 / 177

　　1. 以文识人，招聘环节要"闻味道" / 177

　　2. 以文育人，文化培训适当做重些 / 181

　　3. 以文励人，激励机制与文化导向挂钩 / 187

　　小结 / 191

第五章 文化行动力：从文化自觉到现实结果

第一节 刻意练习"三招"，形成文化自觉 / 196

1. 构建"文化心智"：讲好文化故事，从"共鸣"到"效仿" / 196

2. 营造"文化场域"：树正气，立标杆，造氛围 / 203

3. 激发"文化自驱"：敢于文化放权，鼓励文化创造 / 206

小结 / 207

第二节 给文化算笔账，让文化有现实结果 / 208

1. 财务结果 / 208

2. 人才结果 / 210

3. 做事效率 / 213

小结 / 215

第三节 企业文化的生态进化 / 217

1. 复盘总结 / 217

2. 迭代改进 / 220

3. 螺旋式上升，生态型进化 / 223

小结 / 224

后　记 / 225

第一章 文化向心力：优秀实践的复制密码

第一章 文化向心力：优秀实践的复制密码

文化向心力是传统意义上的企业文化理念体系构建，是前端的企业文化理念萃取过程所产生的力量，构建模型见图 1-1。在企业咨询管理实践中，企业聘请外部咨询顾问主要是完成这一部分的内容，主要流程如下。

第一步，文化调研。采用多种调研方法，从内部梳理和外部对标两个方面进行全面了解。其中，内部要沿着企业发展历程的时间线进行梳理，涵盖了过去、现在和将来。外部要对标优秀的标杆企业，不一定是同一行业的友商，了解企业发展历史积淀的优秀文化基因、现状，然后通过咨询顾问的整理与分析，形成《企业文化诊断报告》。

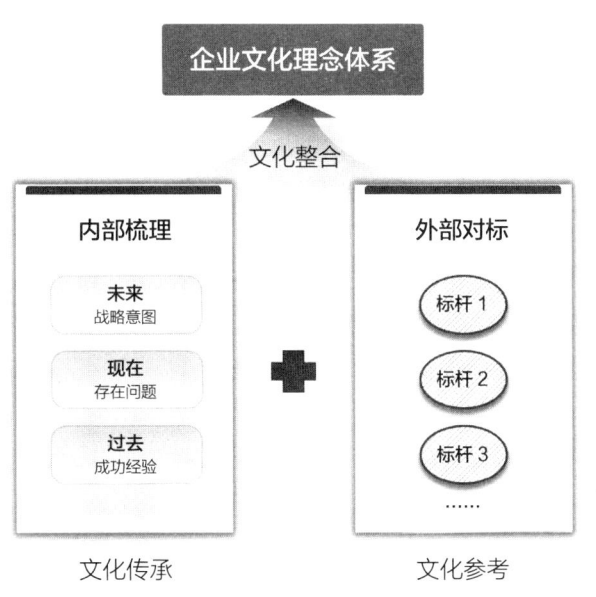

图 1-1 企业文化理念体系构建模型

第二步，带领高管或高中管团队进行共创。经过多轮次、不同人群的研讨，输出企业文化的主体内容，主要为使命、愿景、价值观、经营理念、管理理念和人才理念等。

第三步，在使命、愿景、价值观确定后，再进行"企业员工行为准则"的提炼，合并成册，输出的形式和叫法根据企业的要求，会有所不同。有的企业叫《××基本法》，有的企业叫《××共同纲领》，有的企业叫《××梦想宣言》，也有企业直接输出"使命、愿景、价值观"。为了配合后续的落地需要，有的企业会对前阶段工作换一个维度进行梳理总结，同步输出《企业家思想集》《企业文化故事/案例集》等。

第一节　文化调研：你的文化 DNA 藏在哪？

1. 通过调研连接现在和未来

1.1　文化是站在未来看现在

"你的梦想是什么？"

小时候，我们可能都被问过这样一个问题，或者写过以《我的梦想》为题的作文。企业也一样，企业家都有一个梦想，在心中绘制了一幅未来图景，然后就成立了一家公司。那幅图景就是企业的愿景，在未来，企业家将带领全体员工，一起朝着梦想前进。

走着走着，企业实现了自己的梦想。然后，又有一个新的梦想开始萌芽。这个过程，好比爬山，企业原先要去一个地方，爬着爬着到达了，看到了 1,000 米处的风景。然后，企业家说，我有个新的梦想，想去 3,000 米处的地方看看。于是，企业又开始了新一轮的爬山旅程（见图 1-2）。

有了新的未来图景，不是说说就可以实现，而是要做好充分的准备。因为越往高处，人烟越稀少，空气越稀薄，需要进行新一轮的评估。

- 未来 10 年里，所在行业或者所负责的业务会发生怎样的变化？
- 10 年后企业会有什么不同？
- 根据未来图景，做出 3 个你认为将来会实现的新预测？

- 企业是否可以在预测实现的未来，一直存活并发展？
- 企业靠什么能力和行为到达未来？

企业原先要去的地方　　　　　　企业现在要去的地方

图1-2　愿景即未来图景

站得越高，所看到的图景可能超出了原先的预测。新的视角会发现新的优势。使命愿景要根据"未来图景"的变化而逐步完善。

但很多人并不认为文化需要未来思维。先说一个常见的场景，要做企业文化项目，在见到老板时，有的人会说这样一番话："企业文化，是对过去成功经验的总结，老板之所以这么成功，是因为你有一个成功的逻辑和模型，让我帮你找到这个成功的逻辑和模型。未来，你只要根据这个逻辑和模型坚持下去，你就会持续成功。"

这话最多只对了一半，如果真是站在过去的成功经验基础上做文化，文化项目大概率会失败。企业文化一旦出大问题，企业经营大概率会走下坡路。这是因为，企业文化是企业发展的"道"，解决的是企业"从哪里来、到哪里去"的问题。这个"道"主要包括了使命、愿景和价值观。而这三项内容，使命和愿景表述的都是未来，价值观是实现使命和愿景要秉持的基本原则。

那如何对待企业的过去呢？在实际咨询案例中，我们承认确实是原来的优秀文化支撑企业从初创走到了现在，这点对于成立30年以上的企业来说意义重大，因为文化的价值、传承、发展是长期的，老牌企业有着丰厚的文化积淀，一代又一代员工传承长期以来形成的价值观，创造了一个又一个辉煌。同时，不可否认的是，这样的企业惯性和惰性也很大。

在企业发展遇到阻力的时候，应具有未来思维和变革思维，客观审视企业文化中哪些是要发扬光大的，哪些只适用于过去需要放弃并进行变革的。这时，就需要进行客观的文化调研。如果没有外力作用，就定期进行诊断、变革、发展，比如3年一次、5年一次。

理解了这一点，企业在做文化理念体系建构时，牵头部门就会是有战略规划职能的部门。有的企业是总裁办公室，有的企业是战略发展部。

现实中，我们对接的往往是人力资源部，国有企业的对接部门有的是人力资源部，有的是党群部。这其实是对企业文化未来属性的不够重视导致的。好在企业文化项目大多是一把手工程，企业的一把手直接掌管企业的思想权和文化权。在真正做项目的过程中，一把手会投入大量的时间与精力，这样的文化项目，成功的概率就会大很多。

1.2　文化是站在外部看内部

要实现企业的使命和愿景，需要把自己抽离出来，放到企业之外的大环境中去考量。站位不同，得出的结论可能大相径庭。

> 曾看过这样一个故事：三个人坐电梯从1层到10层，第一个人在电梯里用脑袋撞墙，第二个人在做俯卧撑，第三个人在做深蹲。最终，他们都乘电梯到达10层，有人问他们是如何上来的。第一个人说："用脑袋撞墙。"第二个人说："做俯卧撑。"第三个人说："深蹲。"每个人看似都在总结自己的"成功经验"，但真正带他们上楼的是"电梯"。

经济快速增长的本质就是"坐电梯"。要看透这一点，必须站到更高的位置上思考。

我在服务客户过程中，也碰到了类似情况。当时我问企业的战略负责人："您觉得公司快速发展靠的是什么？"他的回答是："我们对战略的布局，在关键技术上取得了重大突破，可以说科技是我们发展的原动力。"我把调研的情况进行了简单的汇报："我观察到的情况有所不同，我觉得是新消费群体的崛起，产生了对公司产品的极大需求。因为没有掌握这项技术的竞争对手已经跑我们前面去了，可见这个技术不是决定性因素。"

为此，做文化调研时，要从外部的两个方面进行研究：一方面是和我们想成为的标杆企业进行对比；另一方面是和我们所处行业的前三名进行对比，借鉴或导入他们的优秀文化。

1.3 文化是未来理念的最大公约数

每个人的价值观形成于青少年时期，长大后也很难改变。为什么新人的加入会冲淡原先的文化浓度？原因就在于此，人多了，身上自带的各种价值观和理念的元素就多，元素一多就难以聚焦。而企业的价值观是每个人都认可的，也就是说，100 个人的价值观交集可能是 10 条，而到了 1,000 人的时候，价值观的最大公约数可能只剩下 6 条了，到了 10,000 人的时候，可能就更少了。

对同一个理念有不同的表述，尤其是新加入的员工在工作中经常使用原先企业的文化语言，听得多了，给人的直观感受就是文化被稀释了。

为此，在做文化理念梳理时，不仅要向上梳理，还要向下梳理。为了实现愿景，应该秉持什么样的价值观？这个问题，要调研所有人。然后，将收集到的答案进行合并同类项，在里面找到回答频次最高的关键词。

总而言之，企业走向成功的逻辑很重要，但过去的成功不代表未来一定继续成功。所以，调研最重要的是要了解"企业未来持续成功靠什么"，调研时不能忽略对未来目标的了解，要站在未来看现在、看自身、看内部，通过比较企业未来预期和现在的实际情况，找到和标杆企业及行业前三的差距，明确达到未来预期的路径和应秉持的理念，连接起企业文化的过去、现在和未来。

2. 如何做好文化调研

对现有的企业文化进行评估，是为了了解企业文化在经营和管理中表现出来的模式和个性特征。企业这棵树，经过不断地成长，到底长成什么样、发生了什么样的变化、未来的发展趋势是不是朝着期待的方向、要不要进行变革，这都是需要进行评估的。

企业经营需要实事求是，为了做到真实，就需要调研。主流文化是什么，文化做得怎么样，文化对企业经营管理起到了什么样的作用，靠直觉的评估是不行的，虽然有时也很准确，但对于企业来说，先调研再诊断是负责任的做法。就像中医开方子之前，要先"望闻问切"，即看问题点、闻味道、听声音、询问症状、把脉等，毫无保留地认知企业自身。从实践来看，望闻问切也是企业做文化调研的主要步骤（见图1-3）。

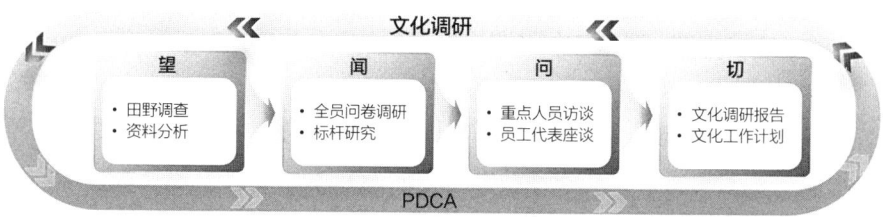

图1-3 文化调研的步骤

2.1 望——田野调查+资料分析

望主要是指肉眼能看到的部分。对于直接能观测到的文化表象,具体可以用深入一线的"田野调查"来实现;对于需要在资料中看到并做分析的文化应用,则要通过案头研究进行资料分析得出结论。

(1) 田野调查

所谓田野调查,就是实地参与现场调研工作。调研人员需要深入到企业各个地方,进行直接观察,把那些看得见的跟企业文化有关的内容,进行真实记录(有条件可拍照)并进行分析。

文化表象主要分为三个部分:

一是VI(视觉识别系统),包括企业LOGO、企业标准色、企业产品、企业的吉祥物、卡通形象以及空间设计(包括外墙面、迎宾区、办公区、公告栏、会议室、食堂、茶水间、卫生间、公共区域、休息区)等企业形象系统设计。

二是文化周边,包括节日礼品(如端午节、中秋节、春节、妇女节、七夕等)、帆布袋、工牌、专属文化标识、文化衫、工服、表情包、企业形象公仔等。

三是企业文化展厅。有的企业会设置专门的企业文化展厅,有的企业则将文化的内容嵌入企业产品展厅中。

(2) 资料分析

如果邀请咨询公司做文化项目,囿于外部咨询顾问对企业的情况了解不深,为深入了解企业的文化积淀,全面探知企业的管理现状,充分把控企业的文化发展导向,咨询顾问一般会提出进行全面而细致的资料研读需求，资料来源覆盖但不限于企业发展历史资料、企业各个版本的文化手册、企业发展战略、历年总裁办公会议记录、历年年度会议发言材料、主要管理制度、企业各个时期的宣传片、各类出版物、官网、公众号、视频号等。

有人会问，为什么做文化理念提炼，需要提供这么多资料？文化理念不就是老板一拍脑袋就能决定的吗？其实这是外部顾问负责任的表现，没有对企业真实情况的了解，就难以真正帮助企业进行精准的理念提炼。作为一个外人，对企业的感知是粗糙的、直觉型的，需要在众多的资料中找出企业发展的脉络。就像中医一样，要仔细地观察求助者的面色、舌苔、眼底等外在表现，旨在从外部表现推断内部脏腑的健康状况。企业也是一样的道理，内部员工对问题并不会有敏锐的感知，尤其是多年的老员工。何况企业中除了存在宣称的显性文化，还有大量的隐性文化。比如，一些企业的经营理念是"客户第一"，那就要在企业发布的各项制度、各类文章、各个评价结果中去探明员工是不是真的做到了"客户第一"，看工作实践和文化理念是不是相符。一番深究，很有可能企业宣称的"客户第一"并不是真的第一，实际运行的是"老板第一"的隐性文化。

下面，给出两个实际案例，例1是共同纲领升级项目，相对聚焦。例2是基本法项目，全面覆盖企业经营管理的方方面面。

例1 A公司企业文化升级项目需要的资料清单

1）关于公司

A公司的历史沿革、发展历程、大事记。

近五年年度经营计划、年度工作总结、高层领导重要讲话。

A公司五年发展战略和规划。

媒体关于A公司的深度采访和相关报道。

A公司对外的重要宣传资料（视频/图片/文字）。

A公司历年的内部刊物或宣传材料。

A公司历年的企业文化活动图文影音资料。

A公司成立××周年相关资料。

2）品牌视觉系统

A公司品牌定位、视觉体系。

A公司产品手册与宣传材料。

3）文化建设成果

A公司现有企业文化理念体系、历年口号标语、经营管理理念体系、文化培训讲义、文化建设活动和成果。

A公司现有的案例集或文化故事集。

历年A公司先进团队/个人的材料及事迹介绍。

4）其他

A公司认为应该提供的其他资料。

例2　B公司企业文化项目案头研究所需资料清单

1）关于公司

B公司的历史沿革、发展历程、大事记。

董事长历年的思想、讲话总结材料。

大会工作报告、重大会议纪要、年度工作计划、年度工作总结、高层领导重要讲话。

B公司发展战略和规划。

媒体关于B公司的深度采访和相关报道。

B公司对外的重要宣传资料（视频/图片/文字）。

B公司官微、官网、历年的内部刊物或宣传材料。

2）组织及管控状况

B公司的组织架构图、部门职责及岗位设置。

B公司的主营业务、经营运作模式。

相关的管理制度。

3）人力资源状况

B公司的员工概况统计数据（包括学历、年龄、工龄、职称、职务等）。

B公司的评优办法、近3年的奖惩记录。

B公司近三年的高管培训计划和培训总结。

历年的新员工培训资料。

4）营销

视觉体系。

品牌定位。

产品手册。

宣传材料。

5）文化建设成果

B公司现有企业文化理念体系、历年口号标语、经营管理理念体系、文化培训讲义、文化建设活动和成果。

B公司现有的案例集或文化故事集。

B公司先进员工材料及事迹介绍（至少近5年）。

2.2　闻——全员问卷调研+标杆研究

闻主要是"闻"员工身上有没有企业的"特殊味道"。

古人讲究"臭（xiù）味相投"，这个"臭"不是现代汉语意义上的"臭"（chòu），而是指"嗅"，也就是嗅觉。今天很多人也喜欢做类似MBTI这样的人格测试，以快速地识别并了解一个人。物以类聚，人以群分，很多人就是凭借对方身上的"味道"来识别同类型的人。企业也是一样，价值观不同，做事的方法和态度也就不一样，企业识人主要靠的就是核心价值观。

那么，怎么在企业中进行"闻"这一步呢？

一闻员工的认知和行为。员工做事的逻辑、过程和结果反映的其实是企业的核心价值观，这部分内容可以通过问卷调查得到。

二闻自身是否有标杆企业的味道。标杆企业之所以成为标杆，是因为在文化上有其特别的表现，当我们向人家学习时，要学的不是表象，而是底层的做事逻辑。比如标杆企业有"客户第一"的理念，我们要"闻"人家的"客户第一"和我们的"客户第一"是不是一样的配方、一样的味道，要找到差距，并弥补自身不足，以下分述之。

（1）全员问卷调研

自从有了"问卷星"等专用调研工具后，调研问卷因其发放、回收、统计、分析上的便利性，企业一般会用于做全员问卷调研。在进行问卷设计时，没有一个统一的工具或方法，企业根据要实现的调研目标和实际情况进行设计。下面，我介绍三种常用的问卷设计方法。

第一种：通用版问卷。

有的企业认为企业文化就是组织氛围，组织氛围主要体现在员工敬业度和工作环境的测量上。特别是中小企业，倾向于进行内部自测，这时，可以用现成且普遍接受的测评工具，比如很多企业采用的盖洛普Q12测评法。

盖洛普Q12，是一个测量工作场所优势相对简单且较精确的方法，也是测量一个企业管理优势的12个维度，它包括12个问题。

1）我知道公司对我的工作要求吗？

2）我有做好我的工作所需要的材料和设备吗？

3）在工作中，我每天都有机会做我最擅长的事吗？

4）在过去的七天里，我因工作出色而受到表扬吗？

5）我的主管或同事关心我的个人情况吗？

6）工作单位有人鼓励我吗？

7）在工作中，我的意见受到重视了吗？

8）公司的使命目标使我觉得我的工作重要吗？

9）我的同事们致力于高质量的工作吗？

10）我在工作单位有一个最要好的朋友吗？

11）在过去的六个月内，工作单位有人和我谈及我的进步吗？

12）过去一年里，我在工作中有机会学习和成长吗？

第二种：结合年度文化工作重点的针对性调研。

这种调研也比较适合企业进行内部自测。有的企业每年的文化工作重点不一样，且在年度KPI设置时加入了满意度考核维度，在进行问卷设计时，就要有的放矢，紧紧围绕文化工作重点，重点考量对文化重点工作的感知度、信念感、应用度、行为化等维度。

例3　C公司2024年"用"文化助力业务打胜仗调研问卷

1）我相信公司的五年战略目标一定能实现，当前要激发二次创业激情。

2）我相信自己在C公司会有很好的职业发展。

3）我知道2024年公司的主题是"用"文化。

4）我觉得身边的同事受到打胜仗的鼓舞，干劲十足。

5）我清楚地知道我身边的标杆是谁。

6）我觉得我身边的标杆能起到很好的示范作用。

7）我在工作中经常说文化语言。

8）我在工作中经常践行文化。

9）我的领导经常在各种场合说文化语言。

10）我的领导在工作中"用"文化解决工作问题。

11）我的领导在工作中"用"文化营造团队氛围，树正气。

12）我的领导在工作中"用"文化带领团队，并发现工作中的关键问题。

13）2024年我所在的部门开展过"'用'文化工作坊"。

14）我觉得目前部门的协同沟通存在障碍。

15）公司各部门之间的工作很好协调，基本上不会出现扯皮现象。

16）各部门之间能够通畅地分享工作所需的信息和数据。

17）我总是能及时了解、掌握公司发展及工作决策所需的信息。

18）我和我的家人对集团发放的节日礼盒很满意。

19）我总是能及时从公司的内部宣传平台上获取公司信息。

20）我很乐意介绍朋友或前同事加入公司。

第三种：变革型文化项目的问卷。

对于有变革需求的企业，面向全员的调研在问卷设计时应尽可能全面些，我倾向于从文化认知与感知度、文化应用与文化行为、文化与HR制度的适配性、文化物质层、对未来的思考等五个维度进行问卷设计。如果企业重视管理人员价值理念特征和整体组织价值理念特征，也会设计"对上一层领导群体价值理念的评价"和"组织价值理念的评价"。在题型设计上，可以有单项选择题、结构化选择题、多项选择题、填空题、问答题等。

此类调研问卷的设计大多数遵循的是"洋葱模型"（见图1-4），由图可见，文化是分层次的，即表层的物质/产品文化、浅层的行为文化、中层的制度文化、深层的精神文化。为此，我们要从四个维度进行题目设计。

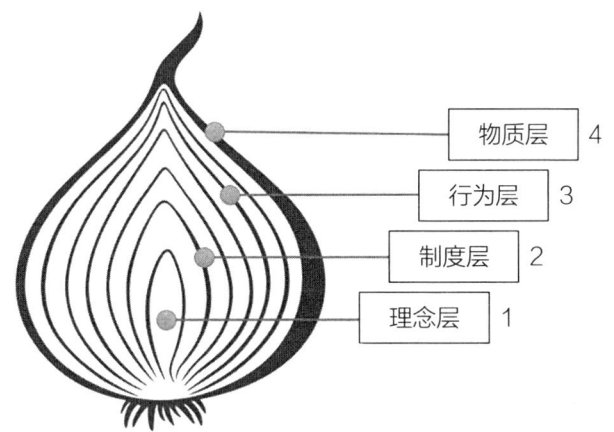

图 1-4 文化结构的洋葱模型

问卷设计的内容可以涵盖基本信息、战略与业务现状、组织现状、发展历程、大事记、文化要素、领导风格、群体特征、文化与业务匹配度、行为方式、人才画像、制度、流程等，具体要根据企业的实际情况，个性化地进行每一道题目的设计。尤其是在人才画像、领导风格和群体特征的词条选择上，要进行切合企业实际的筛选，问卷发放之前要和企业对接部门的负责人一一确认。

下面，给大家介绍一个文化问卷调研实操案例。

例4　D公司文化升级项目调研问卷

尊敬的D公司同事们：

你们好！我们是D公司企业文化项目组。我们正与您一起为D公司迎接未来挑战、改进管理、提升业绩而努力。本次问卷调查是我们全面了解D公司企业文化现状，提炼支撑D公司持续发展的文化基因，系统提升文化软实力的重要步骤。D公司的可持续高质量发展承载着每一位D公司人的未来，您的见解和意见对D公司的发展至关重要，我们希望您能够真实表达自己的观点。

问卷匿名填写，项目组将对您的问卷严格保密，问卷结果仅在咨询顾问范围内作统计和分析使用。

本问卷分为六个部分，第一部分是单项选择题，第二部分是结构化选择题，第三部分是多项选择题，第四部分是对您的上一层领导群体价值理念的评价选择题，第五部分是对您所在组织的价值理念的评价选择题，第六部分是开放式填空题，请您依次作答。合计答题时间为15分钟左右。

非常感谢您的积极参与！

企业文化项目组
×年×月×日

单项选择题：

1）公司是否清晰地提出了使命、愿景、价值观或企业精神？

    A. 全部提出，比较系统

    B. 提出了一部分，比较清晰

    C. 有类似说法，但不清晰或不系统

    D. 没有提出企业文化的内容

    E. 虽然系统，但很繁杂，概念太多

2）我对企业文化内涵的理解程度是：_____

    A. 非常理解，能反映公司真实的文化特征

    B. 较为理解，能够反映大部分真实文化

    C. 部分理解，但还是觉得虚

    D. 不理解，感觉对管理作用不大

3）我感觉我所接触的公司高层领导对企业文化的重视程度是：_____

　　A. 重视，领导主动倡导、参与并身体力行

　　B. 相对重视，各种场合都讲，但是很少参与

　　C. 形式上重视，在会议和文件上提及，但不参与

　　D. 不重视，很少提及企业文化

4）我对公司文化的认同度是_____。

　　A. 非常认同　　　　　B. 比较认同

　　C. 一般　　　　　　　D. 不太认同

　　E. 非常不认同

5）工作总结时，我的同事倾向于把成果归功于_____。

　　A. 团队协同，共同努力

　　B. 自己的付出和贡献

　　C. 客观评价每个人的贡献

6）我和同事在沟通时是_____。

　　A. 直接沟通

　　B. 可以坦率地说真话

　　C. 相互拍马屁

　　D. 迂回曲折

7）在公司外，当遇到有人误解公司时，我的态度是_____。

　　A. 肯定会立即解释

　　B. 看心情，根据当时心情决定

　　C. 听之任之，不愿理会

　　D. 加入谈话，一起吐槽

8）当同事传播公司或其他同事的负面信息时，我的态度是_____。

　　A. 肯定会立即制止

B. 根据和传播者的关系决定

C. 明哲保身，当作没听见

D. 一起吐槽

9）我希望领导与我沟通的途径是_____。

A. 正式谈话　　　　B. 私下沟通

C. 研讨会　　　　　D. 电话

E. 邮件

10）我感觉我身边的同事对制度与流程的执行情况是：_____

A. 所有人完全遵照执行

B. 基本上遵照执行，但有的管理者例外

C. 大多数人遵照执行，与领导关系好的人可以走捷径不执行

D. 制度和流程只对员工起作用

E. 制度和流程只是形式，真正遵照执行的并不多

11）公司对员工提出的合理化建议的态度是：_____

A. 积极鼓励，并给予奖励

B. 有这方面的政策，但采纳的不多

C. 不鼓励，有人愿意提也可以

D. 没有人愿意提，觉得提了也没用

12）公司对员工学习过程与学习成果的交流、共享的态度是：_____

A. 非常重视，鼓励学习与交流

B. 态度一般，提倡过但不坚持

C. 不太重视，仅关注与工作技能直接相关的

D. 不重视，学习是自己的事，只要干好工作就行

13）我对目前公司的内外形象的态度是：_____

A. 非常自豪　　　　B. 内部需要改进

C. 外部需要改进　　　　D. 都要改进

E. 不关心

14）在日常工作中，我身边的同事是否经常用使命愿景、价值观或核心理念来规范自己的行为？

　　A. 是，我们常用理念来引导、激励、约束自己

　　B. 不是，工作那么忙，大家根本不关心文化的事情，上级要我们怎么做就怎么做

　　C. 按照自己的经验或"老规矩"办

15）公司在过去一年中举办企业文化培训的情况是：_____

　　A. 没有培训过　　　　B. 培训过1次

　　C. 2–3次　　　　　　D. 4次以上

16）在年度考核中，我认为文化价值观维度的考核占比多少比较合适？

　　A. 50%　　　　　　　B. 30%

　　C. 20%　　　　　　　D. 10%

　　E. 0

结构化选择题（A. 非常赞同；B. 比较赞同；C. 一般；D. 不太赞同；E. 非常不赞同）：

1）我认为企业文化能统领经营管理全局，能凝心聚力。

2）我认为了解公司的发展方向和战略目标对于我的工作有指导意义。

3）我认为企业文化建设应该继承过去的优秀文化基因。

4）我认为企业文化是领导层的事情，与员工关系不大，员工只要遵守就行。

5）我身边的同事经常在不同场合谈论企业文化。

6）当前，我认为D公司很重视企业文化。

7）我知道"D公司企业文化"的全部内容。

8）我认为D公司的工作氛围很好。

9）我看好D公司的长期发展。

10）我为自己是一名D公司人而自豪。

11）我很愿意向我身边的人分享D公司文化。

12）我相信文化有用。

13）我相信文化能解决业务问题，助力业务发展。

14）我身边的管理者能以身作则践行文化、传播文化。

15）我身边同事开展工作时，特别是领导不在时，能够运用价值观，自我驱动、主动担当去推进。

16）在工作上，我经常听到"算了""就这样吧""这个太难了"。

17）我身边的同事经常有迟到早退现象。

18）我身边的同事经常抱怨，不主动找方法。

19）我身边的同事对待工作能主动进行建设性的讨论，不推诿。

20）我的才能和专业性在工作中能得到高效发挥。

21）我在做工作规划之前，有明确的目标。

22）当接到很多任务时，我很清楚轻重缓急，知道往哪个方向走以及知道如何选择并作出决策。

23）我经常被授权一部分工作，我在工作中可以发挥我的才能和创造性。

24）我认为，同事之间、部门之间的协同很通畅。

25）我认为公司存在严重的"部门墙"现象。

26）我认为我的上级在决策过程中能积极听取下属意见。

27）我愿意向上级说出自己的真实想法。

28）我认为同事都很关心企业发展与现实管理问题并相互沟通。

29）在与部门同事的合作中，有不满意的时候，我会直接告诉他。

30）当我需要其他部门协助工作时，需要通过上级领导与该部门领导沟通，才能获得其部门的支持。

31）我认为在招聘过程中要有文化维度的考量。

32）我的上级总是能够及时地与我交流我在工作中的成绩与不足。

33）我认为文化在各项激励制度中有牵引和导向作用。

34）我认为年度绩效考核中应有价值观维度的考核。

35）在做绩效面谈时，我认为我的上级应和我谈及文化理念的践行情况。

36）在年度晋升、年度述职中，我认为应有我的文化践行情况的陈述汇报。

37）我能在公司内看到文化相关的宣传栏/文化墙。

38）我能在公司内看到滚动播放的文化视频。

39）我关注了公司的微信公众号。

40）我们的办公用品（如笔记本、信纸、纸杯、台历、环保袋等）、文化衫上有显著的企业文化内容。

41）我认为，今年公司的文化活动形式丰富多彩，营造了良好的组织氛围和文化氛围。

42）我希望我的上级领导乃至高管给我讲企业文化课。

多项选择题：

1）我所理解的企业文化是什么？_____

    A. 标语和口号

    B. 事业的成功逻辑

    C. 虚的东西

    D. 实实在在的工作准则和指引

    E. 各种文体活动

2）我认为公司如此重视企业文化是为了实现_____的目的。

    A. 文化统领全局

    B. 形成共同的语言体系，打造一致性

    C. 凝心聚力，助力业务发展，共创未来

    D. 激发员工积极性

    E. 提升企业形象

    F. 规范企业和员工行为

    G. 提升管理能力和管理绩效

3）我觉得影响企业文化的主要因素是：_____

    A. 领导的思想和理念

    B. 公司传统文化

    C. 公司内外环境

    D. 行业文化

    E. 客户的偏好

    F. 地域文化

4）招聘过程中，我们对候选人进行考量的关键文化维度有_____。

    A. 使命　　　　　　　B. 愿景

    C. 价值观　　　　　　D. 公司行为规范

5）我一般从_____渠道了解公司先进、标杆团队或人物事迹。

    A. 公司官网/微信公众号

    B. 年度颁奖晚会或荣誉宣传板

    C. 公司电梯口电视上播放的自制视频

    D. 先进故事集

    E. 同事口口相传

对上一层领导群体价值理念的评价：（略）

对组织价值理念的评价：（略）

填空题：

1）D公司成立以来，我认为被大多数人认可并一以贯之真正做到的最重要的四个文化理念是_____、_____、_____、_____。

2）我对公司文化中印象最深刻的是哪一句话或哪一个词？_____

3）我认为D公司目前实施最到位的理念是_____。

4）我最常说也最常用的文化理念是_____。

5）我认为公司内部存在哪些问题需要企业文化来提升？_____

6）我认为，今后很长一段时间，我们需要提倡和践行的文化理念是_____。

7）对于文化工作，我的建议是_____。

基础信息：（略）

（2）标杆研究

为了实现使命和愿景，要考虑三个方面，即看公司自身、看客户、看竞争对手。为此，除了内部的面对面访谈，企业也需要外部反馈。要获得外部反馈，也可以采用面对面访谈。通过对客户满意度、品牌认可度等的调研，结合所在行业发展情况和企业实际发展情况，来综合评估企业文化对客户、品牌、供应链上下游合作伙伴的影响。

在做标杆研究时，要了解企业在行业中处于什么水平？主要的竞争对手是谁？公司处于什么位置？行业前三分别是谁，它们的核心竞争力分别是什么？它们分别是怎么做的？它们的使命、愿景、价值观分别是什么？

对标公司文化的相关资料。如果客户能提供，那就用现成的材料；如果客户没有，那就需要进行专门的调研。

为了便于梳理，进行列表整理，示例见表1-1。

表1-1 标杆企业调研整理表

序号	对标企业名称	企业类型/行业	成功的关键	使命	愿景	价值观	可借鉴的核心特点

2.3 问——重点人员访谈+员工代表座谈

为了获取真实的、深度的信息，问是文化调研的重头戏。在一个大文化项目中，一般会安排50名以上重点人员接受面对面访谈，每人至少半个小时，至少要25个小时的面对面访谈，整理的访谈材料达20余万字。员工代表座谈根据企业实际情况安排，一般一个事业部或厂区安排一场，每场10人左右，用时2小时左右。

为什么要花这么多的时间用于访谈和座谈呢？一是了解真实问题的需要，只有外部顾问在场的情况下，被访谈人更容易说真话，能够反映问题，而不是"捂盖子"；二是深度挖掘的需要，访谈的时间没有严格地限定，尤其是创始人的访谈，有时能谈到2个小时以上，不断地刨根问底，有些问题还要现场印证，为的就是在深度上进行把握；三是项目顺利推进的需要，通过访谈和座谈，顾问和企业各层级的员工有了连接，有效拉近了心理距离，对于后续的补充访谈和项目沟通，都是大有裨益的。

（1）重点人员访谈

高层管理者对文化的认识和重视程度直接决定文化实施的成败，中层管理者的配合程度直接决定了文化实施的难易与快慢，为此，对中高管的调研一般采用面对面访谈形式。

在大文化项目中，重点人员主要包括企业的党委书记/董事长/创始人、总经理、高管团队、中层管理者代表（主要是关键职能部室和业务作战单元的负责人）等。访谈维度包括企业发展历程、战略目标与实施路径、文化现状、存在问题、文化理念、文化落地、干部管理。

小文化项目一般是短平快，企业要带领团队输出使命、愿景、价值观。大多没有时间进行广泛的调研，甚至只采访创始人即可，在访谈问题的设置上也相对聚焦，如公司的主要业务是什么、公司未来3-5年的整体战略规划、经营管理上最重要的理念是什么、您会晋升什么样的人、您的底线是什么，等等。

例5　E公司重点人员访谈提纲

1）请谈谈您本人的工作经历、当前岗位职责以及对公司最为深刻的感受。

2）公司发展到今天，您认为成功的关键因素是什么？主要的价值理念是什么？您认为哪些优良的公司文化传统、企业精神和工作作风需要传承？请举例说明。

3）如果对公司发展进行历史阶段划分，您认为该怎么划分？每个阶段的特点是什么？让您印象深刻的精神是什么？

4）公司现在的业务是什么？最终客户是谁？我们对客户的贡献是什么？我们对社会的价值和意义是什么？

5）请您场景化描绘一下公司10年后是什么样的。那时，我们对重要利益相关方是否有吸引力？可具体谈谈业务发展模式特点、行业发展趋势、未来拓展规划、达成景象的关键举措、主要衡量指标等。

6）为了实现公司的使命愿景，我们应当树立什么样的核心价值观？（请按照重要性顺序，列举1~5条）

7）请您谈谈对公司目前的使命、愿景、价值观等的理解和感受，您感觉哪些要保留？哪些可调整？为什么？

8）您认为公司的经营方针和管理原则分别是什么？用哪些关键词可以总结或表述。

9）目前，公司的市场定位是什么？业务结构是怎样的？竞争地位如何？面临哪些竞争对手？优势在哪里？劣势在哪里？

10）您觉得目前公司在组织架构、组织管理（责权利）、流程执行、高管决策、跨部门协同等管理工作中存在哪些问题？您认为该怎么解决？

11）当前和未来公司最需要的重点人才是哪些？人才的具体标准或要求是什么？

12）您认为公司当前的干部提拔机制是否能体现公司提倡的价值观和理念？为什么？如果不能体现，您认为应该如何做？

13）您从客户那里得到的反馈中，客户眼中的公司是什么样的？具有哪些优秀品质？存在哪些问题？请举例说明。

14）您认为公司在品牌的管理上，面临哪些主要挑战或问题？请举例说明。

15）请您谈谈对本次企业文化项目的期望和建议。

在具体的咨询项目实践中，对高管也可以进行问卷调研作为辅助参考。经常采用的是奎因和卡梅隆的组织文化评价量表。

例6　F公司高级管理人员企业文化倾向问卷

问卷填写说明：每道问题含有四个陈述，总分为100分，请您将符合现状及将来预期的分值填入相应陈述后面的空格中，分值越高表示这一项越符合情况，在回答任何一项时可以出现0分或100分。例如：四项得分依次为：30、54、0、16，也可以为：100、0、0、0，但总分为100分。

备注：

问卷中"现在"一栏表示F公司目前的真实状况，"将来"一栏是您希望5年后F公司的状况。

表1-2　F公司高级管理人员企业文化倾向问卷

管理特征	现在	将来
F公司内部充满活力和创新精神，员工愿意接受和承担风险		
F公司的组织结构明确，控制系统完善，员工的工作完全按照规章制度		
F公司注重工作的完成和工作结果，员工也看重竞争和成果		
F公司像一个大家庭，存在个性化的空间，员工们能够同甘共苦		
总分	100	100
组织领导	现在	将来
F公司的领导是员工的导师、看护者或促进者		
F公司的领导是企业家、创新推动者或改革者		
F公司的领导是公司的组织者、监控者和提高运营效率的人		
F公司的领导是务实主义者，干劲十足，看重工作结果		
总分	100	100
员工管理	现在	将来
高度竞争、高结果导向是F公司管理中的特点		

续表

F公司的管理以团队、民主管理和取得共识为主		
F公司追求企业和员工关系的稳定性、员工行为的一致性		
F公司的管理中充满个人冒险主义、自由、创新和独特性		
总分	100	100
组织凝聚力	现在	将来
F公司的凝聚力来自正式的规章和政策,保持组织平稳运行非常重要		
完成和重视目标成就形成了F公司的凝聚力,进取和获胜是F公司的主旋律		
F公司的凝聚力来自变革和发展,关注点在于组织不断学习,适应发展		
相互信任和尊重是F公司凝聚力的来源,主动承担责任对F公司非常重要		
总分	100	100
战略目标	现在	将来
F公司重视员工能力的发展、高度信任员工,持续让员工参与管理		
F公司重视稳定,强调效率、控制和平稳运行		
F公司重视获得新资源和创造新的挑战,鼓励为寻找机会而尝试新事物		
F公司强调竞争性行为和成就,最重要的是达到目标和在市场中获胜		
总分	100	100
成功标准	现在	将来
成功就是F公司在市场上获胜、超过竞争对手,成为市场竞争的领导者		
成功意味着F公司有最新或独特的技术或服务,是技术、服务的领导者和创新者		

第一章 文化向心力：优秀实践的复制密码

续表

在尊重员工、培育能力、团队互信的基础上才会有 F 公司的成功		
效率是 F 公司成功的基础，能成功关键是可靠、顺畅的计划和持续低成本		
总分	100	100

通过每一位高管的打分，制作出雷达图，形成对高管群体在灵活性-稳定性和内部-外部两个维度上的偏好，并将两个成对维度进行交叉，得出该企业高管群体的四种文化类型：层级型、市场型、宗族型、活力型。

在咨询实践中，访谈其实是最难的部分。面对被访谈者，不是把访谈提纲上的问题逐个问出就算是一个好的访谈，那顶多只能算是走了个流程。面对陌生的客户公司，面对不认识的陌生人，要从人家嘴里得到真实的信息，是需要动用访谈者整个的知识体系。如果把要访谈的信息比喻为一个黑暗的房子，问一个问题，就像打开一盏灯的开关，问题越深入，灯能投射的光的面积就越大。如果 20 个问题都问完了，但每个问题都没有深入挖掘，就只是打开了 20 盏小台灯，依然看不清楚整个房间。"能不能举例说明？""在公司里让你感到最惊喜的瞬间是什么？""什么让你终生难忘？""当时你是怎么想的？""你的信念是什么？"等问题，能让你看清楚企业这座大厦的软实力。

另外，这种面对面的访谈，现实中还有三个难点。

一是谁来访谈，内部人不敢深入地问，加上本身有信息差，一言不合可能引发冲突，为此，只好请外部顾问，还需要有丰富提问经验的资深顾问来问，否则，提问水平稍微差一点，专业性都将面临质疑。

二是有私密性要求，现场要做记录，对于访谈者而言是个挑战，一边要倾听，一边要记录，一边要思考，一边要提问，一心好几用。所以，即便是久经沙场的咨询顾问，一天面对面访谈做下来，也是身心俱疲。

三是要用半结构化访谈法。咨询顾问脑海中有一个结构化的体系，在问问题的时候，是有结构和逻辑的，是奔着诊断和决策去的。但不能总是问封闭式（选择题）问题，较好的访谈是采取半结构化，多问让受访者展开叙述的问题（如"为什么""怎么会"）。就想要了解的情况，访谈者巧妙引导，让受访者掌握谈话的主动权。

（2）员工代表座谈

主要用于对中基层人员的访谈，10人左右为一组，每场2小时左右，可安排不同层级、不同岗位类型、不同司龄、不同年龄的员工进行座谈。针对焦点问题，大家做免责发言，为的就是了解一线真实情况。

我一般会围绕以下问题，让大家畅所欲言，充分表达：

1）公司里的事，你最近关注什么？苦恼什么？

2）在公司里，什么事让您感到骄傲或感动？

3）您感受到的公司文化是什么？是否有变化？怎么变的？

4）对公司的满意之处是什么？

5）公司待改进之处是什么？

6）您心目中的理想公司应该是怎样的？

7）想要什么样的团队文化？想要什么样的工作氛围？

8）为了营造这样的氛围，需要倡导哪些行为？反对哪些行为？

这样的场合，座谈效果跟组织氛围的包容度有很大的关系。如果本身是倡导直接坦率的沟通文化，那就能获得很多的信息。

访谈和座谈结束后，为了避免信息的遗忘，建议当天就要进行访谈和座谈记录的整理。

2.4 切——文化调研报告 + 文化工作计划

经过上述的望诊、闻诊、问诊等环节后，就进入了做调研总结和出调研结果的阶段。

为了保证文化调研工作的客观性和全面性，需要综合以上多源、多层、多种资料、多项数据进行通盘分析。调研的输出成果为"企业文化调研报告"，报告不会出现涉及具体个人或某部门的观点，而是将调研的文化现象和管理问题进行汇总、分类和剖析，给出整体的判断和后续的推进计划，即文化工作计划。

（1）文化调研报告

文化调研报告是对洋葱模型四层调研的整体诊断后得出的结论，它的作用是呈现调研诊断结果、验证分析质量、提供决策参考。

在诊断报告中，要把握的主要原则就是真实、找极值和分层分类分析。

1）真实。很好理解，实事求是，用数据和事实说话，粉饰是没有意义的。但在企业的实际操作中，最简单的可能也是最难的，存在不少只有好话、没有问题的诊断报告。尤其是我们作为外部顾问，有时会被客户要求在诊断报告上进行选择性呈现，这其实是对企业发展非常不利的，因为小问题不解决，会演变成大问题，到时候再来解决，就更难了。

2）找极值。就是要找出极高值和极低值，极值很能反映问题，尤其是一些大的问题，都是极值反映出来的。

3）分层分类分析。取决于分析目标、具体方法和工具的选择，要和前面的望、闻、问衔接，保持连贯性和一致性。比如，对于习惯用"洋葱模型"的企业来说，那就要从理念层、制度层、行为层、物质层进行分析；对于企业文化年度重点工作落地情况的分析，则可以从重点工作的综合感知、行为层面、制度层面、满意度、建议提醒等方面，进行系统化的真实呈现。

在分析阶段，最重要的是建好基础数据库，有了一个真实而详细的基础数据，后续的分析是可以基于基础数据根据需要调取并重新排列组合的。

企业其实并不关心具体在哪个问题上得分多少，但需要了解经营管理存在的问题，与上一年度相比，哪些有改进，哪些在退步，分别是什么原因造成的。为此，调研报告应重点突出业务分析、文化相关分析、员工满意度、领导力等内容。

在评估报告的呈现上，可采用的结构根据企业要求来确定。下面举一个G客户的例子。

例7　G公司2023年度文化调研报告结构

表1-3　2023年度文化调研报告结构

序号	类别	具体内容	说明
1	基本情况	评估目的 实施措施 调研基本情况 组织设置情况 说明（统计时采用的赋分方法等）	

续表

序号	类别	具体内容	说明
2	评估小结	对每一个维度进行一个总体的说明	每个维度内的单项最高分和单项最低分 维度之间进行横向比较，说明哪个维度得分最高，哪个维度得分最低
3	分题统计与分析	对每一道题进行分析，客观题进行得分解读，对填空题进行词频统计，问答题进行归纳总结	同一题目的3年得分比较

以上是企业自己做的文化调研报告，一般一年做一次，相对来说结构明确，内容简单，问题聚焦，作为第二年文化工作计划夯实基础之用。

对于文化大项目和咨询顾问来说，文化调研诊断报告是体现顾问思考水平的第一份正式报告，意义重大。为此从驻场客户项目的第一天就应开始思考文化调研诊断报告的撰写，而且总体分析、交叉分析、分层分析、定量分析、定性分析等各种分析方法都会用上。

在呈现上，文化调研诊断导图（见图1-5）包括四大部分：历史积淀文化梳理分析、战略解码及文化要素分析、企业文化现状与战略目标GAP分析、外部标杆借鉴与导入分析。每一页的基本结构为"标题＋主题句＋调查中获悉的场景"，就跟我们写议论文一样，结构为"中心思想＋论据＋论证"。

在写报告过程中，应把握以下原则：规范、严谨、排序、创新。

规范：每个咨询师都有自己做方案的逻辑和相对固定的格式规范，以方便企业阅读，比如方案的体例要规范、语言文字要规范、名词术语要有解释规范，不要出现前后不一致的情况，最好使用企业通用的专业名词术语。

```
                    ┌─────────────────┐
                    │ F 公司企业文化  │
                    │  调研诊断报告   │
                    └─────────────────┘
         ┌─────────────┬──────┴──────┬─────────────┐
┌──────────────┐ ┌──────────────┐ ┌──────────────┐ ┌──────────────┐
│历史积淀文化梳理│ │战略解码及文化│ │企业文化现状与战│ │外部标杆借鉴与│
│    分析      │ │  要素分析    │ │略目标 GAP 分析│ │  导入分析    │
└──────────────┘ └──────────────┘ └──────────────┘ └──────────────┘
```

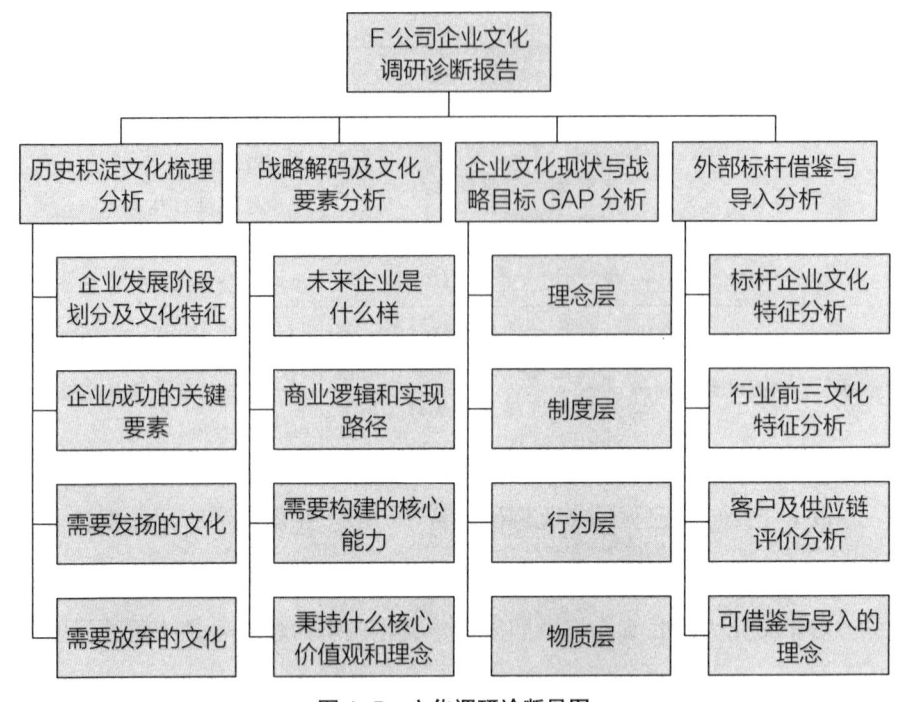

图 1-5　文化调研诊断导图

严谨：报告涉及的数据很多，在处理数据时，要体现严谨性，实事求是，内容真实可靠。

排序：要突出方案的重点，光访谈就几十万字，一定要提炼出重点，并通过表现形式上的技巧，使得关键的数据或内容更加凸显。呈现分析结果时，要按照重要性从高到低进行排序。

创新：在数据分析和解决方案设计上，要有创新，要是老方一贴，那就没有必要做一个项目。可以引入新的研究模型或分析方法，更好地呈现数据，作出分析，让人眼前一亮，心中一动。

（2）文化工作计划

做调研是为了找到现实和目标之间的差距，这个差距如何缩短就是后续的工作计划。文化工作计划的制订流程为（见图1-6）：

分解目标 ➤ 找到差距 ➤ 明确抓手 ➤ 执行动作 ➤ 量化考核

图1-6　文化工作计划制订步骤

第一步，分解目标。以公司战略和经营目标为基础，层层分解目标和工作。如果是文化项目，那就要照着项目目标去分解具体的工作计划；如果是企业年度文化工作计划，那就要按照公司的年度战略部署进行分解。

第二步，找到差距。当前存在的问题是文化建设的突破口，也是文化工作计划的重要抓手，找到年度目标和现存问题之间的差距，才能明确文化工作的方向，通过工作计划的落地与执行，逐步消除差距，解决问题，实现目标。校准方向，从"蒙着打"到"瞄着打"。

第三步，明确抓手。文化管理和其他管理一样，不能平均用力，而要明确文化工作重心和抓手，并且确保文化项目中的成员能随时看见它们，在各种会议上提到它们，在活动中植入它们，在工作过程中不厌其烦地引用它们。

第四步，执行动作。做好了计划，接下来就是高效执行。对于具体执行人员来说，光有"抓手"是不够的，一定要有具体工作进行支撑。关键动作的落地，是实现目标的有效路径。为此，要把抓手细化分解为动作和任务，坚持检查、记录和反馈，提高执行力。

第五步，量化考核。种豆得豆，种瓜得瓜，工作做得怎么样才算合格，干好干坏的结果分别是什么，要在机制上进行明确。考核要量化，只有在工作计划中定好考核的目标值，才有可能得到最终的年度文化工作行为表现。

每个事业部的OC岗位都要形成一张《××部OC年度工作计划表》（见

表1-4)。

表1-4　OC年度工作计划（样表）

序号	结果	过程	现状值	目标值	原因	策略	计划	输出	责任人	时间要求	预算	督导

对于企业文化部门来说，因分析部分的内容已经以"文化调研报告"的形式输出，为此，在做工作计划的时候，可以省略重复部分。下面，举一个H公司年度企业文化部工作计划的案例。

例8　H公司2023年企业文化部工作计划

类别	内容	具体工作内容	时间要求	主责部门	协同部门
理念	《H公司共同纲领》	1. 研讨 2. 定稿 3. 正式发布	3月31日前完成	企业文化部	
制度	价值观考核制度的制定（修订）、执行、检查	1. 入职前"闻"——能力素质模型 2. 考核时评价——绩效管理系统	根据公司安排确定时间	人力资源部、企业文化部	各部门
制度	《员工行为准则》	明确"倡导的行为""反对的行为"并发布，后续造势宣导、检查纠偏、及时处理	发布后，转为日常工作	企业文化部	各部门
制度	文化落地调研	确定标准、落地调研、分析评价、出具报告	12月20日前完成	项目组	企业文化部

续表

类别	内容	具体工作内容	时间要求	主责部门	协同部门
宣贯	文化宣讲	1. 组建宣讲师队伍 2. 编写案例 3. 培训宣讲师 4. 考核通过后在公司及各部门正式宣讲	1-3项在6月30日前完成 第4项7-12月每月至少1次	企业文化部、项目组	各部门（每个部门至少1名宣讲师）
	微信公众号+官网+内网平台+微信/钉钉群	1. 及时发布公司新闻 2. 更新"公司文化"栏内容 3. 更新"H人"案例	第1项：即时 第2项：《共同纲领》发布后2日内 第3项：每周1篇	企业文化部	
	微视频制作、发布	展示企业形象，讲述企业故事	每月1条	企业文化部	
	仪式、活动、荣誉体系	1. 阶段性活动：如《共同纲领》发布会等 2. 常规性活动：公司年会、新员工培训、文化沙龙/沟通交流工作坊等 建立荣誉体系，树立模范标杆	第1项：3月31日前完成 第2项：根据公司安排确定时间 全年	企业文化部	各部门
视觉	VI手册	制定（修订）、执行、检查、反馈	除制定（修订）外，日常工作	企业文化部	各部门
	员工牌、工位卡	员工牌、工位卡上的企业文化内容更新	《共同纲领》发布后1月内	企业文化部	各部门
	企业文化墙	及时更新墙上内容	有新内容产生后2个工作日内	企业文化部	

小结

本节主要讲述文化调研的价值、原则和具体的做法。要重点厘清的是文化主要面向未来，站位要高、要远，即站在未来看现在、站在外部看内部。

在具体的调研方法上，以中医把脉的"望闻问切"步骤来展开，全方位地感知过去和现在的文化，实事求是地了解企业当前文化和未来要求之间的差距，为下一步的实际工作计划夯实数据基础和群众基础。

第二节　高管共创：让文化战略从会议室走进生产线

孔子曰："为政以德，譬如北辰，居其所而众星共之。"即治理国家要用德，就像北极星，处在一定的位置上，众多的星辰都会环绕着它。引申到企业，可以理解为管理企业要用企业文化和管理者的品德，用文化来统领公司。

企业文化建设如种树，种一棵树最好的时间是什么时候？当我问企业这个问题的时候，有的企业借鉴了"鸡汤文"的回答：种一棵树最好的时间是10年前，其次是现在。不可否认，10年前也就是企业刚成立的时候就做文化，必然是性价比最高的。

这样的公司不多，苹果公司是一个。刚创建苹果公司时，史蒂夫·乔布斯和斯蒂夫·盖瑞·沃兹尼亚克就强调了"文化优先"的理念，希望创建的公司文化能"挑战传统"，并亮出"文化胜过战略"的信条，将文化视为推动产品创新和业务增长的核心因素。后来的事实证明，苹果公司在正当时种下的"文化之树"，引领了苹果公司的战略实现。不是所有企业都像苹果公司这样"文化优先"，那么，其他企业怎么找到自己"种树"的好时候呢？

1）高速发展期。

2）第二曲线"孵化"期。

3）变革转型期。

4）高管认不全公司的员工时。

5）新人大量涌入，感觉原生文化被稀释时。

6）战略制定前。

现在是寒冬，种树是好时候吗？种下去之后，存活率高吗？举个例子。

例9 错过"种树期"的 I 公司

I 公司在业务繁荣期请我去公司。我一去，发现公司一派欣欣向荣的景象，租的办公场地鸟语花香又格调不凡。到了午饭时间，食堂供应的自助餐，菜品丰富，不亚于五星级酒店，谈笑间，充满了精英范儿。当时，我的建议是可以做企业文化项目，业务飞升期，大家激情高涨，很容易达成共识。

后来，这个项目因为大家忙于业务而搁置了，太忙了，谁有空来做企业文化这种短期看不到收益的事呢，不如多做几个单，年底换新车。

4年后，I 公司又让我去公司。受行业大环境的影响，该公司业务已经进入下降通道，员工士气不足，情绪低落，人才流失。到了午饭时间，我们在食堂一起用了四菜一汤的盒饭，聊起来，都是"过紧日子"带来的种种变化。当时，我说这时候做企业文化建设，不是好时候，当下可能更需要"逆境中的领导力"。

可见，企业文化这棵树也需要适时播种，根据企业的实际情况，在高管达成"需要种树"的共识下再实施。

1. 企业文化等于企业家文化吗？

企业文化是未来的发展之"道"，影响企业长远发展，既然文化主要是站在未来看现在,那就带来了另一个问题:企业文化的理念体系到底应该由谁来构建?

1.1 企业文化的起点是企业家

一般来说,一家企业的企业文化起点在于企业家。为此有的企业就直接把企业文化定义为了企业家文化。这种说法是否有道理呢?

有一定道理,但不全如此。

现实中,在公司刚成立时就做企业文化的企业是很少的,那时候企业刚成立,感觉没有必要。但那时有没有企业文化?有的,每个企业的文化起点几乎都是老板的价值观。

新创立的企业,没有文化沉淀,全靠企业家带着全体员工。发展的过程中,创始人的价值观和理念,深深地影响了团队中的每一个成员。对于成长性好的企业来说,这些价值观和理念就是企业成功的底层逻辑,慢慢地就成为公司全员共享的企业文化。由此得出企业文化就是企业家文化的结论,无可厚非。

随着企业的发展壮大,企业家的那些价值观和理念是否能继续支撑企业的成长,需要进行客观评估,尤其是在经营业绩拐头的时候,更要审慎对待文化的持续有效性。但无论怎么变,企业家是企业的首席文化官,企业家的作用无可替代。企业家对于战略的定力往往来于其创业的初心、明确的价值观和坚定执着的信念。

企业家在企业文化的建设和落地过程中主要扮演了以下角色:

1)企业家是企业文化的缔造者。

2)企业家是企业成立初期的文化创造者。

3）企业家是企业文化发展的推动者。

4）企业家是企业文化的示范者。

5）企业家是企业转型、变革的思想先锋。

企业家对正向、积极文化的塑造有着重要作用，但不可否认的一个现实是，有的老板（注意：此处用词为"老板"，而非"企业家"）也发挥了塑造"不良文化"的作用，而这样的老板就不是企业家。根据我的观察，有的企业走下坡路，很大的一个原因是在文化上存在显性文化和隐性文化的"不一致"。比如，企业宣称的显性文化是"客户第一"，实际运作的却是隐性文化——"老板第一"，老板随意拍脑袋决策，导致企业中只有老板的个人智慧，而没有了团队智慧；所有的晋升都是老板的个人好恶决定，没有了公平公正的机制保障，导致劣币驱逐良币。

1.2 企业文化不完全等于企业家文化

从企业文化的组成因素来看，企业文化不等于企业家文化。企业家个性是企业最大的文化因素，企业家的特点影响企业文化，但需要什么样的文化，不由企业家特点决定。

企业所需要的文化，原理是未来要实现使命愿景，缺什么补什么。这里面，"缺什么"不是企业家决定的，而是由企业的状态决定的。企业的状态可以分为时间状态和空间状态，时间状态即企业的发展阶段和历史经验，空间状态即企业的类型、行业特性等。

从企业发展阶段来看，不同发展阶段的主要文化因子有所不同，见图1-7。

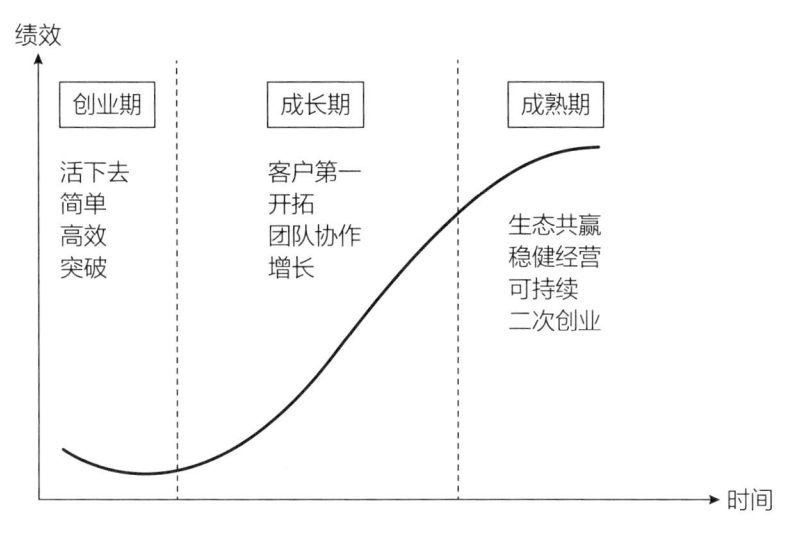

图 1-7　企业不同成长阶段和主要文化因子的关系

从企业类型来看，制造类、研发类、销售类、服务类企业因其关注点不同，主要文化因子也会有很大差异（见表 1-5）

表 1-5　不同类型企业的主要文化因子

企业类型	企业的关注点	主要文化因子
制造类	效率、质量、成本	责任、质量、规范、产品领先
研发类	创新、开放	创新、开放、容错、技术领先、长期主义
销售类	客户、用户	客户第一、目标、诚信、协同、灵活、共赢
服务类	体验、温度	顾客至上、专业、用心、爱、信任

例 10　企业文化服务于要实现的目标

我服务的客户中，有一家成立 70 余年的 J 公司。如果企业家文化就是企业文化，那么，三五年一换企业家，企业文化也将处于不断的变化之中。而事实情况并不是这样，70 余年中，董事长和总经理已经换了至少 10 位，但企业文化手册只有三个版本。

这说明，企业文化是会随着时间不断沉淀的，新上任的企业家不会急于改变企业文化，而是遵循原来的企业文化继续往下做，只有在企业文化极度不适应未来发展需要的情况下，才会动心思进行文化的发展。注意，这里的用词是"发展"，而不是措辞更为激烈的"变革"。

甚至，即便是企业家新到一家企业，首先也会要求自己去适应这家企业的原生文化。可见，企业文化并不完全等于企业家文化，它起源于企业家文化，是支撑企业持续发展、帮助企业走过困境的核心要义和精神动力，文化要在传承中发展。

1.3 企业文化要随业务和员工不断生长

企业文化源于企业家，初始创业团队是企业早期文化传承的主要力量。随着企业的发展壮大，以企业家价值观为起点的企业文化也随着业务的发展和员工的成长而同步生长。

在企业快速成长期，随着不同背景和价值观的人才涌入，特别是管理人员的加盟，在文化上往往会面临以下三个方面的挑战。

首先，大量的人才涌入，每个人都带着职业生涯的价值观而来，导致各种价值观相互交织，企业的原生文化就被稀释了。早期的文化传承主要靠以老带新、言传身教、耳濡目染，当新员工大量涌入的时候，老员工不够用了，再依靠以老带新，文化的传承就跟不上，文化就被冲击、被稀释了。

其次，员工用文化语言的频率不够，也就是说，墙上挂着的是一套说辞，但是员工在日常工作交流当中用的是另一套说辞。为了彰显个性，大家各有各的说法。甚至有的人会觉得那些话是拍老板马屁，说了会被同事笑话。

最后，文化和人才的选育留用不匹配，特别是在人才的选拔和晋升上，大多以业绩为导向。也有企业讲究"德能勤绩廉"，把品德放在第一位。看来看去，甚少有企业重点关注员工对企业文化的应用。

为此，在对现有文化进行评估的基础上，要实时审视企业文化与业务发展、员工成长的适配性，对原有的文化进行升级、迭代或重塑，让企业文化不断生长。

具体可以从业务和员工两方面来做。

（1）业务方面，文化需要走在企业的前方，引领企业走向更高处。

文化是历史的积淀，在企业发展历程中，有着诸多的艰辛、坎坷，要在其中萃取出企业的基因，这些基因都是企业的宝贵财富。但这些基因不是文化的全部，而是要随着业务的发展，依据企业对未来的预测，加以升级，引领企业往更高的境界发展。

很多企业家信奉一个理念叫"选择大于努力"，战略就是做选择，选择做什么和不做什么，为此，他们非常重视战略，每到年底，就组织全体高管和核心中层聚在一起开"闭门会议"，商讨下一年乃至未来五年的战略规划。在做战略的过程中，最好先共识文化。公司需要正确的战略，但文化能决定战略能否成功。文化的重要性不亚于战略，战略指明前进的方向，文化能在企业前进的过程中，为员工和企业鼓劲加油，让员工和企业共同成长。

如果文化不能引领发展，那就要进行文化的迭代。真实的业务场景是文化扎根的肥沃土壤，是把企业的未来和员工个人的未来紧紧捆绑的场所，能促使大家同心，引领大家前行。

（2）员工方面，文化需要得到员工广泛认可并用于实际。

例11　员工认同的，才是企业需要的

在K企业做文化项目时，有一项核心价值观是"诚信本分"，在讨论时，很多人认为"本分"两个字太土，不够高大上。后来有个老员工站起来发言，他说：我们当初跟着老板的时候，就是看中了老板身上"本分"的特质，他是一个农民，我也是一个农民，本本分分做事，老老实实做人。有一次，因为市场上出现了特殊情况，老板手头的一批现货一下子成了紧俏品，老板好不容易有了一次可以"一夜暴富"的机会，但他还是按照原来的价格卖给了客户，并没有坐地起价，这就是"诚信本分"，我们在客户心目中树立了极好的口碑，才有了后来不断发展壮大的公司。

这种特质就是企业文化的基因，起源于老板，但得到了广大员工的认可和传承，发展到后面，就成为全体员工认同的文化。

企业文化也要从员工身上去提炼，文化只有从员工的日常工作中提炼出来，只有在员工的心中生根发芽并不断生长，才有旺盛的生命力。

2.高管共创的必要性和步骤

不客气地说，企业文化落不了地，高管要承担大部分责任。

引导高管团队进行企业文化的共识、共创是非常重要且非常必要的，具体体现在以下几点。

其一，企业做大之后，高管要形成在"大事情"上的共识，典型的"大事情"是战略和文化，而文化不仅仅是概念或理念，它是战略中的战略，决定了企业对未来的期待和信念，为此，实现了三五年的阶段性目标之后，

高管要对文化进行新一轮的共创，这是事业成功和成为伟大企业的起点，也是后续形成领导力的基础。

其二，高管不仅肩负着打胜仗的使命，也肩负着塑造企业精神的使命。比如电视剧《亮剑》中李云龙所带领的"独立团"的"亮剑精神"的塑造。这种精神一旦创建，就能不断激励人、培养人，促进团队之间的合作与协同，赋予团队成员并不断成长，帮助他们获得最佳的工作状态。

其三，对于企业来说，重要的不仅是企业文化理念的文字本身，更在于共创的过程。文化的输出成果不是轻而易举就能完成的，需要经过长期的、反复的、深入的思考和碰撞，才能得到答案。高管聚在一起，共同畅想企业的未来，共同付出脑力、心力、体力，更能让大家有"同甘共苦"之感，也更利于后续的宣导和执行，这个过程弥足珍贵。

具体如何共创企业文化呢？

第一步：评估公司文化的核心问题。为了让高管团队达成共识，可以通过提问的方式来了解当前的做法和冲突。在整理时，我们特别重视对创始人/董事长/总经理的访谈，因为他们对目标的理解决定了公司文化工作的方向，要听取他们的真实心声、他们的顾虑、他们对公司存在问题的看法。如果是外部顾问做诊断，那么，在讲诊断报告时，需要高管团队整体认同诊断报告中指出的核心问题以及后续的解决方案。

第二步：讲解诊断报告，先达成对诊断报告的共识。在讲解诊断报告时，要注意敏感信息的保密工作，千万不要直接说是什么人做的什么事，而要说是企业整体文化的冲突引发了问题。如果某些高管对结果持保留意见，那就通过额外的调研来补充说明，进一步沟通解决问题。这部分如果做得不好，很容易引发部分高管的防御性反应，心态不开放，对后续工作进展造成很大的阻碍。

第三步：策划并组织高管共创封闭会议。这是企业文化形成的关键过程，通过大家的头脑风暴、思想碰撞，把企业文化理念和价值观都呼唤出来、表达出来。

在共创之前，还需要为主动改变进行哲学层面的深入讨论，为此，开文化项目启动会就很有必要。先达成改变的共识，以说服高管参与改变。

在共创过程中，核心人员是高层管理者，也可以邀请核心中层管理者代表和一线员工代表参加。其中，一线员工代表最好是老员工里的意见领袖，为后续的宣导渗透打下良好的群众基础。

3. 如何共创使命、愿景、价值观？

3.1 如何共创使命？

什么是使命？

这个词有点大，通俗地说，就是使出命也要达成的目标。

使命是企业成立的初心，是企业的存续之本，是企业的目标声明。企业成立之初设立了一个怎样的目标，使命要清晰地回答。

同时，使命确定了一个大的框架或背景，在这个框架和背景内，企业的愿景、定位、价值观和战略才能被制定并执行。

使命作为企业存在的意义，是企业的价值出发点，即通过创造某种核心价值，满足客户、员工、股东、社会等利益相关方需求。

使命是一个企业的魂，是精气神的源泉。

使命很重要，让客户一眼就知道我们是做什么的。

当然，你可能会想当然地回答，企业存在是为了赚钱，但使命的表述要有赚钱之上的追求，不能只是为了赚钱。

在使命的提炼过程中，往往会重点梳理上一节高级和中级管理人员访谈中对以下问题的回答：

1）公司的成立，给社会带来了什么样的价值或改变？

2）公司的产品和服务，给用户带来了什么样的价值或改变？

3）你认为公司最大的优势是什么？

4）公司的独特之处在哪里？

5）员工为什么能保持工作热情和自我驱动力？

6）创始人或创始团队成立企业的初心是什么？

7）如果行业没有我们，会有什么样的变化？

8）如果公司不存在了，对客户、员工、社会有什么损失？

9）公司能做出的最重要的社会价值是什么？

10）公司和竞争对手对待产品和客户的不同点是什么？

完成对以上问题的梳理后，还要分析三个最大的竞争对手的使命是什么，有什么借鉴意义，要在哪些用词上与他们形成关键性、标志性的差异化，这是咨询顾问在带领高管团队共识前的重要功课。

以上分析完成后，咨询顾问要在此基础上给出企业使命的初稿，供参加共创的人员进行参考和"打靶"。这项工作耗费巨大的脑力，每家企业的表述都不一样，除了对企业的存在有本质的洞察之外，还需要有深厚的文字功底。

不过，也不用太畏难，具体的情况虽然需要具体分析，但总有一些共通的。

首先，使命要利他。从用户和客户的角度出发，站在社会的高度来看待公司存在的价值。其次，使命要体现长期主义。使命要贯穿企业发展的始终，志在长远。比如世界上最长寿的公司——日本金刚组，成立于公元578年，至今已有1447年的历史。为什么能持续经营千年，靠的就是其对客户的深刻理解，靠的是对使命的传承与坚守。最后，使命要让人对所在行业一目了然。企业处于哪个行业，属于哪个赛道，客户想买某样物品时，能通过使命就了解公司是否能为之提供价值。

实际操作过程中，使命和愿景有的是合并的，这也没什么大问题，通过一句话，既告诉了客户和员工，企业存在的理由和价值，也告诉了社会大众，企业有金钱之外的其他追求。

3.2 如何共创愿景？

愿景在经营管理过程中不容易被感知，但其实无时无刻不在发挥作用，特别是发生矛盾冲突时，比如为了追求利润最大化，企业通过降低产品质量来降低成本，短期来看企业受益了，但其长期发展会遭遇损失。

例12 企业为什么有钱挣也不出货

某年，L公司的产品在市场上热销，但产品却有瑕疵，达不到出厂标准。经销商在厂区门口候着，并一再表示，若有质量问题，不用厂家负责，经销商自己负责，只要出货给他就行。该公司没有同意出货，专心解决质量问题。

经销商不解，纳闷企业怎么有钱也不挣。该公司给出的解释是：因为我们的愿景是做全球领先的制造商，如果产品不是全球领先，那就不能出货，不能让不合格的产品流向市场。

由愿景驱动的企业在激烈的竞争中，不断地以共同的目标来激励团队，创造企业价值。在共创愿景的过程中，很多人会问我一个问题：战略和愿景到底是什么关系？

战略的来源就是使命和愿景，在使命和愿景限定的范围内来确定3-5

年的战略规划和下一年度的年度目标。目标是在一定时间内能够有效达成的可以测量效果的阶段性标志。比如，"定个小目标，先赚1个亿"，这是阶段性目标，长远的理想目标是"要存活N多年"，这才是愿景。

可见，愿景就是企业的梦想，是企业对未来5-10年乃至20年的共同目标，是大家认同的未来定位和共同梦想。愿景是对未来的预期，明确、清晰的愿景能吸引志同道合的伙伴加入。还能形成强大的驱动力，有效地协调各经营单位之间的关系。

愿景要解答的问题是：企业要到哪里去？未来的蓝图是什么？想成为什么？未来会是什么样？通俗地说，愿景就是用望远镜看企业自身，站在未来看现在，让未来照进现实。在这一过程中，要找到前进道路上的障碍，然后搬离障碍，快速实现愿望中的场景。

在愿景的提炼过程中，往往会重点梳理上一节高级和中级管理人员访谈中对以下问题的回答：

1）公司所在的行业，未来与现在有哪些不同？

2）今天为哪些客户服务？未来的客户会有什么变化？

3）今天客户最关注公司的什么？未来会发生怎样的变化？

4）今天用哪些渠道销售产品？哪些渠道可以一直使用下去？

5）今天有哪些竞争对手？未来会有哪些竞争对手？

6）今天的竞争优势靠什么？未来靠什么？

7）今天的利润从何而来？未来的利润又从何而来？

8）今天有什么核心能力？为应对未来的竞争，我们需要发展哪些新的技能和核心能力？

9）你希望公司在社会中有什么样的形象和口碑？

10）公司因什么而广为人知？

11）老板经常或曾经吹过的牛是什么？

12）公司10年—20年后的景象大概是什么样的？请描述一下景象。

13）客户/用户对公司的正面评价是什么？

14）竞争对手最佩服公司的是哪些方面？

15）同事说起公司的时候，他们的感受是什么？

16）公司三五年内不会被竞争对手超越的核心竞争力是什么？

对以上问题答案的梳理，是共识研讨会的引子。

在高管研讨的时候，高管脑海中主要是对以下三个问题形成清晰的答案：

1）未来图景中的行业挑战。

2）作出的预测。

3）制定的战略。

在共创愿景的时候，应把握以下原则：

愿景要站在未来描述未来。5—10年，企业将是什么样，有什么样的行业地位，产品将达到一个什么样的高度，将为客户创造什么样的价值，这都要站在未来的角度来看，并进行通俗易懂的描述。

愿景要高目标牵引。愿景是对企业去哪儿的表述，一般来说，目标要定得高远一些。如果是短期内就能轻松实现的，那只能算是一个短期目标，不属于愿景。如果本身就已经能做到，那愿景的内容就应该进行更换，换一个更高的目标来牵引大家一起前行。

愿景要激动人心，让众人同行。企业的愿景实现时，企业在社会上、在行业中将做到什么程度，员工将获得什么。也就是说，要通过愿景吸引同路人。从内部来说，"一群人，走得远"，那远方到底是什么样的，大家要达成共识，只有界定清楚了，才能吸引志同道合的人才加入公司并留住有才华的员工。从外部来说，愿景还要能激励客户购买公司的产品或服务，并吸引投资者投资公司的未来。

愿景的表述要言简意赅，让人信服，引起共鸣。用词要言简意赅，且能让人信服，描述要有画面感，要接地气。亨利·福特在1903年创立福特汽车公司表述其愿景时，是这么说的："让工薪阶层都可以买得起车。"人人能懂，口口相传，T型车的成功即是愿景实现的标志。现实中，很多企业在提炼愿景时，喜欢"文采"多过实质，用晦涩难懂的词汇把愿景说得云里雾里，员工听得一脸懵，这是需要改进的。

有的企业会把愿景和战略结合在一起，既制定一个中长期的共同目标，又明确整体的实现路径，同时，还明确了考核标准。这种愿景指向落地，跟五年规划很相似，内容包括如下几点：

1）公司3—5年达成的目标。

2）如何实现目标。

3）目标实现的结果指标分别是什么？

例13 M石油公司愿景

2030愿景：成为一家国际勘探和生产企业，在××地区以外的至少两个地区开展规模化运营，显著提高产量、储量和现金流，同时以其从资产中提取价值的能力而闻名全球。

如何实现？（六个主题）

1）优化现有产地，使产量最大化。

2）在选定的××盆地开展业务扩大产量。

3）在一到两个国际市场上建立并扩大业务规模。

4）与全球能源价值链上下游合作。

5）全球成熟资产开发领域排名前十。

6）通过完善组织架构、人员和流程来实现计划。

预期结果：

1）每年6%—7%的正增长率。

2）××东北部以外地区的产量占比50%。

3）跻身全球十大油企之列。

4）基础成本每年节约1%—2%。

最后，分析在愿景共创过程中要注意的几个地方：

1）构建愿景是一个创造性的过程，设计形成一个符合公司具体情况的解决方案，没有放之四海而皆准的方法。即便是两个类似的企业，面临的外部市场环境相同，愿景也可能不同。

2）要考虑公司的所有权和经营方式。国企的愿景和民企的愿景，在表述上差异很大。国企的愿景中会有很大的篇幅来说明其承担的社会责任和创造社会价值，而民企则更多地关注于企业的成长和员工的幸福。

3）说得俗一点，愿景就是要让员工看到赚到钱的希望，不以让员工赚到钱并过上更好生活为目的的愿景都是画大饼。为此，企业愿景要和员工的个人愿景相契合，两者的关系可以形象地比喻为"涓涓细流汇成河，大河有水小河满"。

3.3 如何共创核心价值观？

如果说使命和愿景是企业的战略意图，是全体员工拼尽全力要达成的共同目标，回答的是"为什么做"和"做成什么样"这两个关键问题，那么，价值观就是做事的方法和原则，是企业判断事物是非、对错、好坏的标准，是企业内部的行为准则。

价值观作为企业在实现目标过程中应一直坚守的原则，是团队凝心聚力和全员践行文化的核心抓手，是企业识别并用好人才的基本法则。价值观包含达成目标所需要遵守的行为规则，如果违反了价值观，就会破坏整体的使命和愿景的实现。

在核心价值观的提炼过程中，往往会重点梳理上一节高级和中级管理人员访谈中对以下问题的回答：

1）公司旗帜鲜明地倡导什么行为？

2）公司旗帜鲜明地反对什么行为？

3）公司对什么行为进行奖励？

4）公司对什么行为进行惩罚？

5）公司提拔什么样的员工？

6）公司吸引什么样的员工？

7）被公司开除的员工是什么样的？

8）竞争对手如何评价公司？最常用的关键词是什么？

9）客户如何评价公司？最常用的关键词是什么？

10）在面临重大挑战的时候，决策层根据什么理念来作出决策？请根据先后顺序分别说明。

价值观有三种来源：

1）基于未来的要求，推导得出价值观。

2）基于现在的问题，修订得出价值观。

3）基于过去的成功，传承得出价值观。

这三种来源相互补充，相互融合，合并同类项，进行排序得出企业的核心价值观。

共创价值观时，内容不要太多，建议把条目控制在 3—5 条。应把握的原则有以下几点：

1）价值观有先后排序。价值观由谁来定？不是老板定的，而是由企业的使命愿景决定的，要实现使命愿景，应秉持什么做事原则和判断标准，第一位的标准是什么，第二位的是什么，要说得很清楚。比如，两个公司，价值观里都有"价值"和"诚信",A公司的排序是"价值"在先,"诚信"在后。B公司的排序是"诚信"在先,"价值"在后。两家公司在做决策判断的时候,就会有差异。前两年特殊时期,接单时发现成本偏高,根本没钱赚,A公司把"价值"作为第一位的考虑,就没有接单。B公司因为首先考虑"诚信",原先签订的订单,即便亏本也完成了交付。

2)价值观要"能用",要行为导向。企业要完成远大目标,应该怎么做?价值观就是答案。举个例子,客户F要招一个"企业文化讲解员",各方面条件都符合要求,笔试、三轮面试都通过了,最后,老板问了候选人一个问题:"本周六要来一个很重要的客户,你打算怎么讲解公司的文化?"候选人回答:"我只想找一个稳定的、不需要加班的、一周只上五天班的工作。"最终,这个人没有被录用,理由就是价值观不符。企业的价值观是"奋斗",候选人的价值观是"安稳",强扭的瓜不甜,价值观不匹配就不要勉强,这种情况下,即便招进来,也会矛盾重重直至人才流失。

3)价值观要旗帜鲜明,有倾向性。做价值观提炼,不能和稀泥,不能模棱两可,要旗帜鲜明、清楚明白。因为价值观的背后,就是行为准则。倡导什么,反对什么,都要说得清清楚楚,做得明明白白。比如,A企业的价值观"责任"的表述是"积极主动担当,对结果负责";B企业的价值观"团队合作",用场景来告诉全员应该怎么做,它的表述是当面临"争抢存量"与"做大增量"矛盾选择的时候,选择做大增量;当面临个人独享与他人分享矛盾的时候,选择与他人分享。

4)价值观要符合企业的实际状况,自己生长。因为每个企业走过的路不同、所处的发展阶段不同、技术和产品不同、行业属性不同,为此,价值观不能是空洞的口号,也不能直接复制标杆企业,而要从企业自身生长出来。可以说,每个企业的价值观都会有所不同,即便是关键词相同,含义也会不一样,文化是很容易"水土不服"的。在此特别提醒,在价值观共创时,对于那些成功企业的价值观,可以借鉴,但不能照搬照抄。

3.4 企业内部语言也要达成共识

除了文化理念这个共同语言体系之外,企业还有一个强大的语言体系叫"企业方言"或"土话"。"方言"说明了它的隐藏性,有特定的语境和含义,外人难以懂得。"土"字凸显出它的草根性,说明很接地气。它们之所以存在,说明了在企业中的普遍接受度和广泛适应性,这两个特性也是文化的特性。也可以说,这些"方言"或"土话"也是企业文化的一部分,在一定程度上反映了企业全体成员认同的理念。

"企业方言"的本质是"你和我拥有共同的语言体系,所以你和我是一类人"。这是建立相互信任的方式,在新人融入阶段,能省下不少事。为此,在企业文化建设时不要忽略了"企业方言"或"土话"的提炼与共识。

我们熟知的"阿里土话",比如深入人心的"never never give up!""心有多大,舞台就有多大!""快乐工作,认真生活!""梦想不足以让你到达远方,但是到达远方的人一定有梦想!"……看起来像是典型的"鸡汤""口号",但说的人多了,也能产生很大的归属感和认同感。

近几年爆火的胖东来,现场的181条标语也属于这一类。"员工不是成本,是资本""顾客的满意是唯一的KPI""微笑服务,从心开始""这里没有老板,只有家人""不赚暴利,只赚良心钱""清洁标准:地板可照人,货架无灰尘"等,看起来同样像"口号",其实是胖东来语言体系与企业管理制度、员工行为准则的深度绑定。当这些内容被员工真正"做到"的时候,文化语言便从"墙上"走进了员工"心里"。

这些"企业方言"或"土话"从哪里来?

1)来自问卷调研。调研的时候,会有相关题目的设计,比如"公司成立以来，我认为被大多数人认可并一以贯之的最重要的文化理念是哪4个？""我对公司文化中印象最深刻的一句话或一个词是什么？""我认为公司目前实施最到位的理念是哪一句？""我最常说也最常用的文化理念是哪一句？"回收问卷时，要对答案进行频次统计，梳理出高频的理念。

2）来自中高层访谈和员工代表座谈。听取大家口中经常被提及的理念，这些话很重要，说明是得到了自上而下的认同，尤其是员工代表，他们平常说的就是自己习惯的语言。有参与感才有主人翁意识，员工觉得这个理念就是我定的，我必须遵守，就会去维护。这样，这些文化理念就有了第一批践行用户和广泛的群众基础，能够在落实的过程中起到事半功倍的效果。

3）深入企业的各个地方聆听。"企业方言"要从业务和基层来，在业务场景中、在非正式的场合中，不经意说的内容，就是他们常用的语言体系。为此，要做个"有心人"，随时随地竖起耳朵，把企业文化做得"接地气"且"有用"。

4）从企业的管理制度中摘录或提炼而来。企业的管理制度对行为有明确的要求，这些内容不要只是体现在制度文本中，一定要拿出来"用"，对人产生"提示"或"约束"的作用。比如，胖东来的制度表述为"基层员工年薪超10万+利润分红50%"，对应的文化语言则是"员工收入必须高于同行"；制度表述为"免费修裤脚""无理由退换"，对应的文化语言则是"顾客是朋友"。

5）根据企业文化理念的迭代而同步迭代。"企业方言"或"土话"的迭代也反映出文化理念的迭代。比如"阿里土话"也在不断改进，原来有一百多句，随着队伍的壮大，价值观的冲撞，他们会研讨"土话"的适应性和匹配度，对于不符合时代和企业发展的一些"土话"进行迭代改进，这也体现了企业文化的动态性。

小结

本章主要讲解了高管如何共创企业的核心理念——使命、愿景、价值观，包括为什么要共创、如何做好共创前的功课、如何引导现场充分讨论、要把握什么样的原则、具体如何分步骤去做。在共创之前，厘清企业文化和企业家文化之间的关系，阐明企业文化的起点是企业家文化，但又不完全等于企业家文化，而是要从企业内部生长出来。另外，也要注意"企业方言"或"土话"的提炼与共识，让文化理念真正从"墙上"走进员工"心里"。

第三节　企业文化手册

确实有这么一个时间段，几乎每个企业都在搞企业文化，每个企业都能分分钟给你拿出一本厚厚的《企业文化手册》。里面的内容包罗万象，方方面面都周全，恨不得把工作中每一件需要决策的事都列在上面，对照执行就好。

但实际上，执不执行、做不做到是另外一回事。

就像我一个客户说的那样：我每个月都会去看医生，医生开的药，我付完钱拿回家，但，从不吃。

那我就很敏感地问了一句：那我们一起辛辛苦苦讨论形成的企业文化手册呢？

他愣了一下，随即答道：那不一样，你是做教育的老师，不是医生，更不是卖药的。我们公司的共同纲领，是有哲学高度的，不仅要带出队伍，更要赢在全球。

对于企业来说，无论规模大小，企业文化手册所包含的价值观和理念，对企业经营和管理是有益的。

企业文化手册的内容主要有：

1）企业的基本目的或高远目标。

2）企业的经营原则和管理原则。

3）实现目标的路径、方法和规则。

1. 文化理念萃取正在发生的变化

因为萃取企业的优秀实践、共识共创文化理念的过程过于漫长和纠结，加上内部很难"一碗水端平"，大部分企业把文化理念萃取工作交给了外部顾问。为此，我们也就有了很多机会走进企业，通过客户的"主诉"和对客户的"望闻问切"去开出一个又一个"对症的药方"——企业文化手册。在做企业文化项目或顾问的十余年间，我深刻感受到企业对文化理念萃取的过程和结果在发生一些变化。

1）"大文化项目"→"小文化项目"。从调研、访谈、研讨到共识输出企业文化文本，如《××公司基本法》《××公司共同纲领》等，输出结果中内容包罗万象，这样的项目可以称之为"大文化项目"，输出的成果称为"大文化手册"。2021年左右，发现来找我的企业更想"短平快"地输出企业文化的"三段论"——使命＋愿景＋核心价值观，如《××公司宣言》《××公司核心要义》，寥寥百字就行，这样的项目称之为"小文化项目"，输出的成果称为"小文化手册"。

2）半年常驻一次性→3日游＋不定期辅导。2016年，我们做的文化项目通常需要三五个咨询师驻场三个月到半年以上，输出的企业文化文本内容在客户大会上只要一通过，咨询师团队就马上撤回，属于一次性项目。后续的文化要落地，那是另外的项目了。现如今，企业更希望我们能够扎根到企业，长期陪跑，在做好前期对创始人的访谈基础上，一般一到两天就能做一个输出，3日就搞定。后续，希望随叫随到、有问题就辅导、有方案就策划，将文化渗透到员工的工作行为上，把文化真正落下去。

3）文化理念提炼→理念提炼＋文化落地。企业文化项目的成果，如果定义为类似《××公司基本法》，那就是文化理念的提炼。但很难真正落地，成书成册发布的当天，就相当于作废之日，从此束之高阁，无人问津。三五年之后，觉得理念需要迭代更新了，才想起原来已经提炼萃取过了。所以，现在很多企业都会将成果定义为"将理念转变为行为"，那就要在理念提炼之后，做大量踏实的落地工作。同时，在落地方法上，也有了很大的变化，根据企业的发展、员工的反馈，使用符合企业个性且灵活变化的"动态落地"方法。

4）务虚→务虚+务实。以前，大多数企业认为企业文化是务虚的，是企业家及员工的成功经验总结，是意识流层面的"阳春白雪"，跟实实在在的业务很难真正挂钩。而现在，企业对文化的要求既是务虚的，也是务实的。文化不仅要引领战略，还要助力业务，在业绩层面得到反映和体现，加上现在数字化管理手段在企业得到广泛的应用，让企业文化指标与业绩的相关性分析与验证也有了可操作性。

5）主观评价→主观评价+调研评价。文化做得怎么样，是需要评价的。很多企业家认为企业文化就是企业家文化，各种会议上不停强调"文化的理念90%以上是我个人的理念"。不可否认，企业文化确实是以企业家的理念为起点，但随着企业的发展、团队的壮大，不同思想和理念的交织，企业文化理念渐渐成为大家共享的理念。为此，在评价时，也要引入更多人的声音，甚至要实时了解文化落地的动态效果，较好的方法就是调研。

基于以上的变化，客户对于企业文化手册的输出要求也呈现出从繁到简、从虚到实、从经验到科学的特点，从一窝蜂地上《基本法》《共同纲领》等，到百字"三段论"（使命、愿景、价值观），我们看到的是文化与时代发展的适应性，深刻感受到企业文化在时代发展的洪流中滚滚向前、生生不息。

2. 大文化手册的框架

文化是战略的战略。

企业文化手册，是高度凝练的企业经营管理理念合集。

在做大文化项目时，重点考虑的是企业的经营之道，输出的成果往往是《××基本法》《××共同纲领》等，是对企业经营发展中涉及的基本问题的回答。

也可以这么说，做一个大文化项目，看起来是"企业文化理念萃取"一个项目，实际上是"企业发展战略"+"企业文化理念萃取"两个项目。

经营是围绕价值展开的，为此，在进行框架搭建时，要重点关注以下核心问题：

1）企业存在的价值是什么？

2）谁来创造价值？

3）如何创造价值？

4）如何高效地创造高价值？

5）如何分享价值？

具体展开来说，大文化手册包括的核心命题有：

1）企业的使命、愿景、价值观。

2）战略目标及打算采用的成长逻辑和商业模式。

3）愿景对市场端（营销、销售、渠道、品牌等）的要求。

4）愿景对供给侧（技术、产品、供应链、质量、交付、售后等）的要求。

5）愿景对内部管理（组织、人才、干部、合规、管控等）的要求。

这样的项目时间一般在6个月以上，输出的内容涵盖了企业经营管理的方方面面，有核心理念（使命、愿景、价值观）、战略、运营、组织、人力资源等大板块，里面每一部分都会写明原则性的条款，文字量也比较庞大。

经典且广为人知的案例是《华为基本法》，涵盖了宗旨、经营政策、组织政策、人力资源政策、控制政策、修订法等6大块的内容，共103条。读者如有需要，可在网上自行搜索。

同样，稻盛和夫在拯救日航时，也是文化先行，不断强调企业文化和经营理念的重要性，扭转员工意识，重建企业文化。他亲自参与编制《日航哲学手册》，并通过密集开会讨论管理思想、集体讨论、编写日航哲学、员工每日诵读日航哲学等方式，将经营理念和做人做事的哲学思想传递给每一个日航人，渗透到集团的每一个角落。

例14 《N公司基本法》（2016年）

第一章　核心理念

第一条【企业使命】略

第二条【企业愿景】略

第三条【核心价值观】略

第二章　战略思想

第四条【战略定位】略

第五条【增长逻辑】略

第六条【资源配置】略

第七条【业务组合】略

第八条【产业平台】略

第三章　运营方略

第九条【核心能力】略

第十条【研究开发】略

第十一条【生产方式】略

第十二条【供应链】略

第十三条【品质管理】略

第十四条【项目化运作】略

第四章 平台化组织建设

第十五条【决策管理】略

第十六条【平台化组织】略

第十七条【管控策略】略

第十八条【智慧型总部】略

第十九条【经营体和创业体】略

第五章 组织协同

第二十条【目标协同】略

第二十一条【市场化协同】略

第二十二条【流程协同】略

第二十三条【文化协同】略

第六章 自我驱动的人力资源体系

第二十四条【人才梯队建设】略

第二十五条【激励机制】略

第二十六条【合伙人机制】略

第二十七条 基本法修订略

例15 《O公司共同纲领》(2023年)

第一章 事业总纲

第一条【使命】略

第二条【愿景】略

第三条【企业精神】略

第四条【企业信条】略

第二章　发展方略

第五条【发展方针】略

第六条【事业领域】略

第七条【投资驱动】略

第八条【国际优先】略

第九条【核心竞争力】略

第三章　管理要则

第十条【目标牵引】略

第十一条【重在执行】略

第十二条【协作协同】略

第十三条【赋能一线】略

第十四条【"四劳"多得】略

第十五条【风控护航】略

第四章　人才理念

第十六条【岗位优秀即人才】略

第十七条【岗位淬炼，自我驱动】略

第十八条【有为才有位，有位须有为】略

3. 小文化手册的框架

中小企业的企业文化以企业家文化居多，创始人带着创始团队或高管团队，快速输出使命、愿景、价值观和行为准则，输出的成果往往是《××公司宣言》《××公司核心要义》等。

说起来是小文化手册，但也有可能在页数上是最多的，因为这样的文化手册，往往是"N合一"，N的内容包括以下几点：

1）企业家的思想、做事原则。

2）共创萃取出来的使命、愿景、价值观的内容。

3）使命、愿景、价值观的含义分别是什么。

4）公司的行为准则。

5）评价的标准。

6）配套的文化故事。

7）企业"红线"，明确哪些行为是绝对不能触碰的高压线。

……

2009年，一份名为《奈飞文化：自由与责任》的内部PPT在硅谷疯传，阅读和下载次数超过1,500万次。

例16 奈飞文化手册

文化准则1 我们只招成年人

文化准则2 要让每个人都理解公司业务

文化准则3 坦诚，才能获得真正高效的反馈

文化准则4 只有事实才能捍卫观点

文化准则5 现在就开始组建你未来需要的团队

文化准则6 员工与岗位的关系，不是匹配而是高度匹配

文化准则7 按照员工带来的价值付薪

文化准则8 离开时要好好说再见

短短8条，再造了奈飞的人才管理认知体系。

人们常说"做人做事要有原则有底线"，有了原则就有了依据，有了底线就知道对错，小企业文化手册约定的主要就是原则和底线。它们都是

对企业创立以来整个发展过程的经验总结和错误反思，是以公司的实际经历为试金石，去粗取精，多次更改和修订的结果，提供的是一套能牵引企业达到未来目标的通用理念、能帮助全体员工在工作中做出正确的选择。

对于企业来说，可以借鉴别的企业文化手册，但不能照搬照抄，而要锚定企业要实现的未来目标，真正深入思考，产生一些原则性或哲学性的内容，将种子种到每个员工的心里。

小结

每一本企业文化手册都是从企业实践中提炼萃取的价值观和理念合集，是有哲学属性的，体现的是独特的企业个性。

企业文化手册，能让企业在内部保持一致性，在外部体现独特性。随着时间的推移，文化手册指引全体员工形成企业倡导的行为方式和思维习惯，通过对原则的遵守和应用实现共同的目标。即便是在企业遭遇危机和解决问题的过程中，这些原则也能通过决策体现价值。

第二章 文化渗透力：从思想松土到人人张口就来

第二章 文化渗透力：从思想松土到人人张口就来

企业文化手册一发，很多企业就觉得企业文化这项工作完成了。发放的时候，说一句"大家好好学习，多多阅读"，就算闭环了。过一阵子，发现文化、氛围、员工的精神面貌并没有什么改变，然后得出了一个"文化没有用"的结论。

这样的企业不在少数。

企业文化的核心功能是与全体员工达成共识，通过共同语言、共同判断、共同举止、共同感觉、共同行为，实现企业文化的同化功能。要做到同化，首先就要进行渗透，将企业文化的理念让所有人知道。而要产生良好的渗透效果，主要思考两个问题：一个是渗透面临的主要挑战来自哪里，另一个是怎样让大家知道并践行公司的文化。

先说第一个问题。企业文化的落地，需要广泛的群众基础，在渗透过程中，往往老员工比新员工更难，因为有一种东西叫作"思维定势"。老员工觉得自己是跟着老板打天下的，对于老板的想法了如指掌。在他们的认知中，"企业文化就等于老板文化"，原先就是这么说的，原先就是这么做的，同样的动作，怎么原先做对了，现在就不对了。有了这样一些根深蒂固的想法和行为，迭代更新的企业文化渗透工作算是碰到了阻碍。为此，很多企业把事情做反了——"先给新员工培训文化，老员工没问题的，即便有问题，可以慢慢来。"要解决这个问题，首先要给老员工的思想松松土，新员工的文化培训照常做，只有这样，才能让迭代更新的文化理念尽快被吸收、被渗透。

再说第二个问题。众所周知，沟通是存在沟通漏斗现象的，一般的沟通漏斗模型见图 2-1。

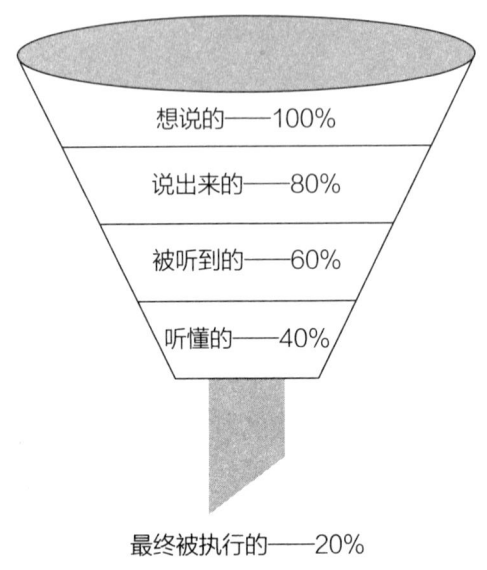

想说的——100%
说出来的——80%
被听到的——60%
听懂的——40%
最终被执行的——20%

图 2-1　沟通漏斗模型

对于企业文化的渗透来说，因为要渗透的内容是高度凝练的、属于哲学层面的、有企业独特性的理念，本身就是如"压缩饼干"般的"干货中的干货"。所以，从"知道"到"做到"，衰减的层次将会更多，至少有 8 层衰减，分别为企业想让员工知道并做到的、管理者想说的、管理者说出的、员工听到的、员工听懂的、员工接受的、员工记住的、员工知道并做到的，具体见图 2-2。

对于这样一个信息不断衰减的过程，为了保证最后"员工知道并做到"，就要不断地在漏斗的每一层持续保持信息的"充足度"，为此要在每一层不断重复，管理者重复，员工重复。只有这样，才能确保每一层的信息是一致的。

```
企业想让员工知道并做到的
    干部想说的
     干部说出的
      员工听到的
       员工听懂的
        员工接受的
         员工记住的

         员工知道并做到的
```

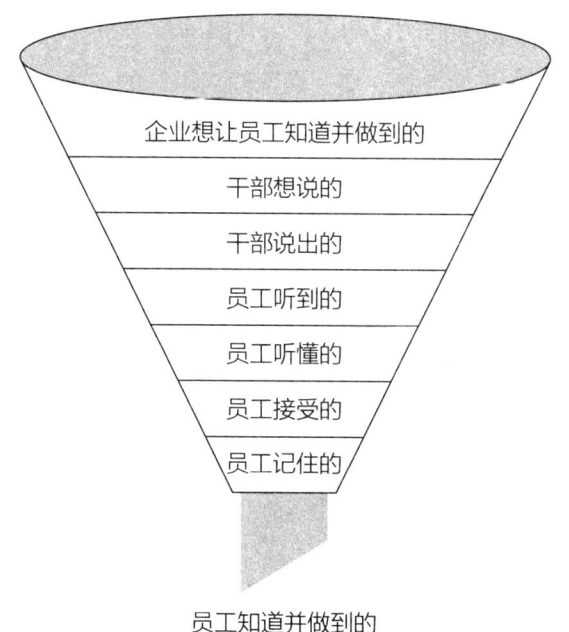

图 2-2　企业文化的渗透漏斗模型

从企业实践来看，较好的方法其实也就是较简单的方法，即，宣贯 + 重复 + 体验。

宣贯：通过印发企业文化手册、召开企业文化发布会、高管深入一线亲自讲授企业文化课、"文化上墙"、活动中植入文化等形式，进行内容宣导，以多种不同的宣传方式吸引全员关注，提高全员对文化的重视度。

重复：重要的事情说三遍，文化是战略的战略，可谓重中之重。在工作的各个场景、各个时间、每件事情的处理中，抓住每一个可以渗透的机会，重复到人人张口就来为止。确保人人都能理解文化，全员上下在认知层面达成共识。

体验：根据大多数员工的需求、兴趣和爱好，设计喜闻乐见的或游戏化的方式，增强大家的参与感和体验度，引导大家不排斥文化，愿意主动了解文化，继而形成共同的认知，产生共同的行为和心理契约。

总的来说，文化渗透是一场"润物细无声"的系统工程，需要通过多维度、多层次、多种类的传播方式与手段，将抽象的文化理念转化为员工知道并真正做到的行为。

第一节　立体传播：多维互动促共享

新的文化理念体系一旦形成，马上面临着全员渗透的问题。企业文化作为经营哲学，需要及时跟进、及时传播，一层一层往下推。要通过各种会议、各种活动、各个宣传平台等信息传播渠道，让大家看见企业未来成功的样子。只有这样，才能吸引员工，才能吸引投资者，才能吸引客户和上下游合作伙伴。

为了让沟通漏斗模型中"最终被执行的"达到100%，在不考虑边际效应递减和重叠的情况下，至少也要进行5遍传达。更何况是在企业文化的渗透漏斗模型中，要让全体"员工知道并做到的"达到100%，更是要达到8遍以上。

在这个过程中，如果渗透的方法单一，内容不契合员工实际，那么，很有可能被人诟病为走形式，这是要不得的。这个阶段，同时拥有传播职能、活动职能和文化大使管理职能的党群工作部/企业文化部，将首先承担起在企业内外进行文化立体传播的责任。

1.统一思想不等于会背诵

本来不需要写这一节内容，但因为经常有人问，倒又觉得很有必要单独写出来。

事情起源于客户的一个疑问。

例1 "最近 emo 了，因为要背 2,300 字的文化。"

P公司做完企业文化理念萃取之后，老板在启动大会上自豪地表示，这个版本的企业文化理念都是他从艰苦创业走到今天的必备因素和信念，是成功的做事逻辑，希望大家勤读能背，熟练掌握，积极践行，与大家一起再创造新的成功。

为此，企业文化部在充分理解老板的意思之后，开展了轰轰烈烈的"学文化、背文化、考文化"活动。

这项活动很快就引发了员工的"暗地里群嘲"，员工表示很难理解，但迫于"不通过文化考试就不能转正、不能晋升"的压力，开启了每天上班背诵、通勤背诵的情况，从老板本人到刚录用的新员工，无一例外。

上例中，老板重视文化落地，要把文化理念转化为全体员工的自觉行动，并通过给每个员工发放企业文化手册，告诉员工公司的经营管理理念是什么、价值观是什么、公司倡导的行为和"红线"是什么，亲自挂帅，率先垂范，事情本身是没有问题的，值得点赞。

引发吐槽的是老板的观念：渗透＝背诵，掌握＝考试。

文化渗透有很多种方式，背诵是其中一种，甚至可以说是效果不好的一种。因为背诵一般来说是人在年少阶段所擅长的，成年人擅长的主要是对事物的理解，对问题的洞察。

同时，在老板的认知中，所谓"掌握"，就是要把文化理念背下来，还要进行随堂考——"我在公司里碰到你，随时问你公司的愿景是什么，你应该倒背如流"。这个要求有一定的认知惯性，因为我们很多人都是在应试教育机制下成长起来的。考试的目的是什么？是为了检验学习的效果，也就是说，老板的随堂考是为了检验员工对于企业文化的认知程度。对于老板来说，他只关注结果，而过程则需要下属去思考和执行。

为此，作为文化落地的执行部门，同时作为检验学习效果的规则制定部门，要透过"老板随堂考"的现象去看到"全员对文化认同、知道且做到"的本质，要意识到老板真正需要的是实时了解员工的文化认知和落地程度，而不是考试本身。

检验员工文化认知程度的方式有很多种，不一定是死记硬背和考试这种学生时代的检验方式，意识到了这一点，企业文化部可以开展"头脑风暴"，先让自己在思想上松松土，群策群力提供多种创新的检验方案。

认知决定行为。在传播要达成的结果定义中，上述案例中企业把目标锚定在"人人都会背诵"，还要对员工进行抽查背诵。要是文化理念只有三五句话，背就背了，要是文化理念有好几百字，甚至好几千字，还让员工像学生一样地原文背诵，那委实有点吃不消，会招致员工的不满乃至愤懑情绪，严重的对抗就是离职走人。这不是文化自信，恰恰是文化不自信的表现。相反，有的企业很有"松弛感"，把目标锚定在通过文化传播，调动积极心态，增加员工互动，增进员工关系，激发员工自驱。

例2 "文化宣讲后，打麻将的少了，主动加班的人多了。"

Q公司在做完企业文化项目之后，并没有要求大家背诵，只是在各种场合进行宣讲，让员工理解文化理念，在行动上有所体现。一年之后，董事长亲口对我说："以前，我们公司下班后打麻将的员工比较多，风气不是很好。经过一年多的文化宣讲，组织氛围有了很大改善，现在下班后打麻将的人少了，主动到公司来加班和学习的人多了，不信你去看，晚上办公楼灯火通明，跟初做文化项目时的情况完全不一样了。"

成年人的强项是对理念的理解并结合自身举一反三，而不是一字不差地死记硬背。上述案例中的员工，有了对理念知识的理解，加上自己的经验总结，从工作领域延伸到生活领域，从工作时间延伸到休息时间，在企业并没有对"下班后不能打麻将"做出要求的情况下，员工自觉做个奋斗者、学习者，真正带来了行为上的改变。

2. 文化传播的十种常用形式

要让员工接受并内化文化理念，对思想进行"松土"，在语言和行为上更快地达成同频共振，传播必不可少。在企业实践中，文化传播的常用形式包括以下十种。

2.1 干部率先垂范、以身作则

企业的"一号位"，是企业的首席文化官。各层级干部，是所在团队企业文化建设的"第一责任人"，也是文化传播的"第一推动力"。

上行下效，员工大多是看管理者怎么做，他才怎么做，而不是听管理者怎么说就怎么做。为此，管理者先行，不仅要在团队会议、日常交流中，反复提及企业的使命、愿景和核心价值观，还要在日常的管理中反复"用"文化、践行文化，把理念融入工作场景中，使每一位员工都能深刻理解并内化这些文化理念。

2.2 企业文化培训与教育

企业文化手册形成后，可以召集全体高管和中层管理者举行发布会，

"一号位"开讲文化第一课。通过横幅、海报、展架、目标、誓词等视觉和状态传递方式,将现场氛围拉满。

召开企业文化发布暨首讲大会。

"一号位"开讲,只是拉开企业文化宣讲的序幕。后续,各层级管理者要建立逐层宣讲体系,高管给中层讲、中层给基层讲、师傅给徒弟讲,结合业务特性,用员工易于理解、通俗易懂的语言讲述文化,让员工在培训与实战中了解并践行文化。

光是培训还不够,还要进行教育。培训是教会具体的技术和做法,教育是教员工掌握做事的逻辑,员工能够举一反三,将文化理念应用到工作的各个场景中,通过反复实践培养员工的系统性思维习惯,这才是文化传播的真正目的。

为此,在企业文化落地过程中,既要加强对员工的培训,更要注重对员工的教育,教的是理念和方法,育的是企业发展所需要的人才。

2.3 员工自学

员工要成才,学习必不可少,自学是自我驱动的学习,是在岗位工作中的主动学习。在文化传播中,理念属于知识,而知识只有和自身经验结合在一起,才能形成员工独特的知识体系和思维习惯。

自学的方法多种多样,下面举一个例子。

例3 文化学习打卡

R公司在发布企业文化手册上,R1部门选出了一名学习委员,在自学环节开展了《文化学习笔记》打卡签到活动。《文化学习打卡表》见表2-1。

表 2-1　文化学习打卡表

打卡人	部门	打卡日期
理念摘抄		
学习心得（我在岗位中如何应用）		
故事/案例（发生在我或我同事身上的体现该理念的故事/案例）		

在规定时间内，完成对规定内容的学习和打卡的成员，在表格中自己名字的后面添加"打卡"图标表示打卡完成。为了鼓励大家的学习热情，输出优质的学习笔记，群成员可以在自认为优秀打卡的学员名字后面加"点赞"图标进行点赞。

每人每周最少打卡1次，超过1次积奖励分1分，不设上限，学习委员每周统计1次，在部门群中进行"晾晒"，让所有人看见，形成相互交流、相互监督的学习氛围。

有的自学是员工自发背诵，不是上一节的"强制背诵"。背诵这种方法，自己主动其实收效很大的：一方面，没有考试压力，学一点经营和管理的原则，对工作有助力；另一方面，随口就能说出使命、愿景和价值观，很有成就感，尤其是在客户或供应商面前，既给对方信心，自己也在多次讲述中有了更深的体会。

自学不限定方法，有多种方法去尝试，客户模仿"诗词大会""一站到底"的文化传播方式，效果也非常好，企业可自行解锁更多的方法。

2.4 共读研讨沙龙

萧伯纳有一句名言众所周知：你有一个苹果，我有一个苹果，我们交换一下，一人还是一个苹果；你有一个思想，我有一个思想，我们交换一下，一人就有两个思想。

除了自学，一起学的效果更好。有的企业会组织各事业部、分（子）公司召开文化共读研讨沙龙，分享文化学习心得，通过面对面的交流，相互间的思想碰撞，就有了千变万化的文化应用场景，有效增强员工对文化的理解、认同与践行。

例4　S公司S1部门的共读研讨沙龙参考流程

第一步：组建学习小组，20人左右为1组。每个学习小组设置1名学习组长+1名学习委员。

第二步：学习组长组织并主持沙龙，学习委员负责签到考勤、统计、记录（记录内容包括沙龙发言、精彩案例）

第三步：沙龙开始，学习组长引导全体人员进行讨论与案例分享。

第四步：成果输出。记录精彩案例，每周一上午十点前整合打包发送至事业部/部门负责人和企业文化部。

2.5 内部宣传平台

文化的传播主要是企业内部传播，各个内部宣传平台是最容易想到的传播方式。企业的内宣平台主要包括以下几点：

1）公文宣导：发布红头文件、公司公告、公司通知、电子邮件、会议纪要等，保证相关人员都能收到并阅读，并可根据需要进行企业文化的专题研讨与学习。

2）线上宣传：公司内部宣传平台、官方网站、官方微信公众号、官方视频号等。

3）线下宣传：电视屏、宣传海报、标语、横幅、宣传栏等。

4）接收反馈：董事长开放日、给企业建言献策信箱/邮箱、内部论坛（如华为的"心声社区"）等。

2.6 文化故事/案例集

大企业文化项目一般输出"三件套"：一本企业文化手册+一本企业家思想集+一本企业文化故事集/案例集。

文化故事因其将抽象的文化理念转化为了具象的、生动的、有场景的、有温度的、关于身边人的叙事，很容易让员工建立起情感认同，引发共鸣，并在同类场景中能向故事中的主人翁学习，做出类似的选择，产生类似的行为，达成类似的结果。

人人都能讲一个文化故事，甚至可以在饭局、团建中多讲文化故事，加深团队间的沟通，感受文化带给大家的温度。

例5 "篝火"中讲故事

T公司在深圳海边，点起一堆篝火，唱歌跳舞游戏之后，让每个人分享自己的小故事和体验，敞开心扉讲述自己在公司中记忆深刻的故事，听得人一会儿泪眼婆婆、一会儿笑声不断，还有人起身当面道歉。这样的文化传播故事会，使企业文化更加贴近员工的实际需求，同时也增强了员工的归属感和协作意识。

故事主要讲的是人所拥有的价值观和精神特质。比如，很多企业喜欢讲创始人故事，主要是创业的艰难困苦、筚路蓝缕，体现的是创始人的创业精神和创新精神。

案例主要讲的是正确做事的方法和逻辑。比如，面对产品质量出现问题，应该怎么去思考、分析、解决，并将整套解决问题的流程提炼成方法论，把知识沉淀到组织层面。

2.7 企业家思想实时传播／关键事件大讨论

很多企业说要学习华为做企业文化，像任正非一样，不定期地发布文章，以统一员工思想。

不可否认，这是很高效的文化和思想传播方法。任正非说过："思想权和文化权是企业最大的管理权，思想权和文化权的实质是假设权。"基于这样的认知和假设，他出了很多文章，产生了广泛而深远的影响。

但这个事情在其他企业的实际操作性并不强，且不说"一号位"是否有大量的时间去思考、去写文章，即便有时间也不一定能根据当下经营的问题直击本质和精准表达，更何况，这需要大量的资源投入。

如果非要在文化传播上学习华为，我推荐另一个方法，叫关键事件大讨论。对于使命、愿景和价值观的坚守，可以用"关键事件"去牵引全员大讨论。这样的关键事件看起来是企业的负面事件，但讨论做得好，就能成为一次"价值观的洗礼"。华为经常讲的关键事件是"马电"（马来西亚电信的简称）事件，"马电"事件发生以后，任正非要求展开全员大讨论，"用"的价值观就是"以客户为中心"和"坚持自我批判"。

无独有偶，阿里巴巴也很擅长进行关键事件大讨论，比如"月饼门"事件，"用"的就是价值观里的"诚信"。

企业存在问题不可怕，在问题刚暴露的时候，就要有"文化"思维和"价值观"思维，逆向思考，通过"用"文化，把"问题危机"变成一次深度传播、全员共识的"文化良机"。

2.8 文化仪式/荣誉体系

艾伦·肯尼迪在《企业文化》中指出，企业文化通过企业树立的英雄人物和企业的规定、礼仪、仪式进行推广，以影响全体员工的工作行为、工作习惯。

企业中的各种特定仪式也是文化传播的重要媒介，能对仪式的重要性和意义产生很大的裨益，整个场域形成的严肃氛围也能让参与其中的每一个人强化对企业的归属感和凝聚力。有的员工离开公司了，也能清晰地记得参加某次仪式时的细节和感受，久久难忘。

文化仪式有很多种，比如文化"破土"宣誓仪式、新员工入职宣誓仪式、销售团队出征仪式、誓师大会、拜师仪式、晋升仪式、欢迎凯旋仪式、老员工光荣退休仪式等。在策划时，着力体现公司文化理念与精神内核，通过仪式固化，传承公司文化。

还有让人难以忘怀的场景是颁发荣誉、授勋、颁奖、庆功等活动，为此，企业可以建立一个文化荣誉体系，受奖面可以大一些，让各个层级的先进和优秀都能够站上领奖台，接受同事和家人的注目。

2.9 用数字化工具传播文化

人们对新鲜独特的事物天生就很感兴趣。老生常谈不会有受众，推陈出新或新奇好玩才会吸引人。随着企业数字化工具的普及，文化传播上也呈现出了一些"新潮时尚"的玩法。

比如，Z世代喜欢在"游戏"的升级中记住文化。Z世代通常是指1995年—2009年出生的一代人，他们讨厌传统宣导这种方式，但换个他们喜欢的形式，情况就不一样了。

例6 端午节全员在"游戏刷题"

U公司做了一个"通关式"的企业文化题库，不强制要求，但提倡大家有空去刷题。推出后不久，就迎来了"端午节"放假。三天假期回来后，发现整套系统的统计数据"非常好看"，员工参与度近100%，每天人均"游戏刷题"在线时长为30分钟以上。因为设置了微信"线上有奖答题"方式来检验学习效果，90分才及格，有的员工就答了十来遍，不到100分不罢休。

生活在互联网和移动通信技术高度发达时代的人们，习惯了快速的信息交流和即时反馈，也更关注个人的成长。在文化传播方式上，企业需要深入了解员工的需求和期望，与其说教，不如直接提供一个良好的学习和体验平台，用有趣和有创意的方式传递企业文化，让他们亲身体验和感受，真正体会企业文化的魅力和价值。

2.10 环境与视觉

企业主体建筑的风格，企业展厅的文化墙、荣誉墙、产品陈列，办公室的空间布置风格，办公楼的外墙面画、形象设计，等等，都会展示公司的文化、历程、成就和核心价值观等。形象化的展示，不仅加深了员工对企业文化的认同感，还为访客和新员工展示了公司的品牌形象和企业精神。

现在，很多企业都有自己独特的文化周边，有的具有较高的摆放价值和赠送价值，如公仔、手办、文化徽章等；有的具有实用价值和宣传价值，如工衣（文化衫）、雨伞、环保袋、冰箱贴、手环、立牌、扑克、拼图、魔方、桌游、台历、箱包、桌垫、鼠标垫、钥匙扣、笔筒、充电宝、数据线、眼罩、靠枕、盖毯等。

将企业要传递的文化元素放到这些周边物品上，吸引注意力，也能产生较好的文化传播效果。

以上十种传播方式是企业常用的，可以根据企业实际和员工特点，设计出自己独特的企业文化立体传播方案。

例7　V公司的企业文化宣贯方案

（1）通用宣贯（即5个"＋文化"）

1）会议＋文化。每次会议开场前必讲企业文化，选择《共同纲领》中的一条和《行为准则》中的一条，主持人朗读或宣讲，8分钟以内即可。

2）培训＋文化。每场培训之前必讲企业文化，选择《共同纲领》中的一条和《行为准则》中的一条，授课老师朗读或宣讲，8分钟以内即可。

3）班前三交＋文化。班组每天班前三交必讲企业文化，每次选择《共同纲领》中的一条和《行为准则》中的一条，班长朗读或宣讲，8分钟以内即可。

4）部门/单位例会＋文化。内容和要求同上，部门/单位负责人朗读或宣讲。

5）内部文体活动＋文化。内容和要求同上，具体由活动组织人负责。

（2）专项宣贯（"三个一"，即一场发布会、一个培训专场、一波全员宣讲）

1）6月召开《共同纲领》《行为准则》发布暨首讲大会，由党委书记、董事长首次开讲，拉开企业文化宣讲序幕。

2）7月新入职大学生培训，计划两天的企业文化课程（含公司发展史等），通过设计文化主题相关游戏过程嵌入，促使新员工尽快了解公司文化、融入公司。

3）组织企业文化大使开展全员宣讲，进一线、进班组、进车间，达到全员全覆盖。

（3）载体宣贯（即八个场景）

1）总部大楼显示屏滚动播放《共同纲领》《行为准则》内容。

2）总部大楼广告机播放，内容同上，形成动图，滚动播放。

3）《共同纲领》《行为准则》制作成口袋书，全体员工人手一册。

4）印刷出版《文化案例集》，全体员工人手一册。

5）更新公司网站、微信公众号上企业文化栏目内容。

6）根据《共同纲领》和《行为准则》制作企业文化挂图，更新公司总部大楼及各项目部办公楼室内挂图。

7）各项目显示屏、广告机滚动播放《共同纲领》和《行为准则》内容，党群工作部提供播放版本。

8）在项目部推广文化墙的制作过程中，纳入《项目部CI形象标准化手册》内容。

（4）创意宣贯（即四个创意）

1）开展企业文化创意短视频大赛，围绕《共同纲领》和《行为准则》，分阶段组织相关主题的短视频创作大赛，评选优秀作品在公司视频号发布、在广告机上播放。

2）在公司微信公众号开设"漫谈企业文化"专题，公司所属各职能部门、分（子）公司至少报送一篇，党群工作部根据组稿情况定期推送。

3）根据《文化案例集》，选择合适主题，拍摄企业文化主题微电影。

4）借助主流媒体，通过合作形式，推出一系列文化品牌故事。

3. 理性对待员工"吐槽"

企业文化还会涉及员工"吐槽"的问题。

在企业内部，员工在工作中抱怨"吐槽"，列数企业的各种问题；在企业外部，员工到外部平台（比如"脉脉""知乎"等）上"吐槽"，其他人也挺爱看，一到中午用餐时间，就会上去划拉一下。

这些现象让管理者非常头疼，觉得员工对自己不够尊重，是在传播负能量。其实，这是管理者对新生代员工的误解。

新生代员工爱吐槽，一方面是心理上的情绪发泄诉求，另外，吐槽就是新生代员工喜欢的表达方式。

先说心理诉求。我曾听过客户单位的一位员工这样吐槽："现在24小时都开着手机，有时领导半夜都会布置工作，好不容易休假，领导也会布置各种工作，人虽然下班了，工作却没停。"

这样的工作模式，使得员工的工作压力与负面情绪累积下来，无处发泄，时间一长，有的甚至抑郁。从这个角度来看，有时候员工的吐槽，也是压力和负面情绪的发泄方式。

再来说说表达方式。过去正式、严肃、权威的表达方式，被年轻人称为说教，肉眼可见的嫌弃。年轻人更倾向于选择简短、富有情绪、幽默的表达方式，非但能释放情绪压力，还能参与话题讨论，"吐槽"正好符合这些特点。那么多年轻人爱看《吐槽大会》，就充分说明了这一表达方式深受他们的喜爱。展开来看，满屏弹幕、评论、点赞之所以充斥着年轻人的社交平台，也说明了他们更愿意采用"非正式的情绪表达"来表达观点与态度。

明白了这两点，就可以根据他们的特点和喜好进行"文化传播"的特别设计。

1）及时洞察员工情绪，提前着手。一般来说，情绪先于道理，有冲突时，先解决情绪问题，再去解决逻辑问题，最后再去讲道理。为此，要多观察、多了解员工的情绪状态，多创造沟通的机会，认真听取他们的心声和意见，然后为员工提供内部交流、反馈意见的渠道。既然有了"正式的情绪表达"方式，也就不需要用"非正式的情绪表达"来表明观点与态度了。近年来，一些年轻人较多的企业，处理事情的态度较开放，能针对企业里发生的负面案例，进行公开的吐槽。这种做法，非但没有迎来员工的"嘲笑"，反而让员工觉得跟着这样坦诚的企业有前途，员工的凝聚力更强了。

2）通过正式的邀请让员工来做"正式吐槽"。在这个过程中，识别员工的情绪，并进行化解。"脱口秀"这种区别于开会的"非正式沟通"，既能让管理者了解员工的情绪动态，也能让员工了解管理者是如何看待"槽点"的。

3）对于影响面大、具有普遍性的问题，也可以采用"关键事件大讨论"的方式来解决。让更多员工参与到讨论中来，并从各自的岗位出发，群策群力讨论出最优解决方案。这样一来，吐槽也就变成了企业文化理念和价值观深入人心的"机会点"。

4）在操作中，有的企业采取舆情监测的方式，企业文化宣传人员老要盯着看。其实，"堵"不如"疏"，索性大大方方建立一个内部的沟通平台，让员工在内部进行"吐槽"和"点赞"，让员工对企业的情绪进行宣泄和表达，这样不仅接收到员工对企业的各种反馈，还能提高员工的积极性和主人翁意识。

比如，华为的"心声社区"平台，就像一个信息交互的"罗马广场"，让大家去吐露心声，尽情吐槽。在这个平台上，大家不用担心个人信息泄露而遭到报复，因为权限管控非常严格，要查看这些帖子的来源，需要经过特批。

但很多企业不敢设立一个这样的社区，尤其是一些老板，一旦被捧上去之后很难下来，觉得在面子上过不去，听不得批评，听不得不同的声音。久而久之，这样的企业老板再也听不到真话了，大家说的都是他想听的，严重的甚至会成为一个套路。到这样的境地，老板跟员工的心理距离就会非常远，老板也进入信息孤岛，听到的都是他想听的话，这样对企业发展是非常不利的。

作为企业管理者，不要一看到"吐槽"就如临大敌，员工有情绪很正常，优秀企业的经验是对于情绪问题，堵不如疏，人总要有个情绪的出口。大大方方直面问题、呈现问题，只有这样，才能解决问题，才是文化自信。

小结

在文化理念刚形成的初级阶段，需要进行广泛传播。即便是已经存续多年的老牌企业，文化迭代后，也需要进行多个维度、多种形式的立体传播，让所有的员工知道新的文化理念是什么。

在实际操作中，企业为了快速地让文化"见利见效"，很可能会出现一下子铺得太快、落得太重、抓得太紧的情况，即"一阵风"似的搞文化，弄得大家议论纷纷，吐槽不止。

为此，可以借鉴文化传播的十种常用形式，形成符合企业特性的"文化组合拳"，让文化理念得以广泛而立体地传播。

第二节　在活动中刻意植入文化

策划、组织、举办各类活动，是企业文化部的职责之一，但几乎所有的企业文化部都会设立一个专门的人员来负责企业的各类活动。可见，长期以来形成的刻板印象真的是一座山，这种刻板印象就是：企业文化＝活动。

这也就理解了OC们的"吐槽"：每天搞不完的活动，搞得好是应该的，搞不好就被人骂，一到业绩评价，我们就成了"透明人"，累死累活做着别人眼中"可有可无"的工作，毫无成就感可言。换一个角度看，这种刻板印象也不是一无是处，至少说明"活动"这种文化渗透形式已经深入人心，有了广泛的群众基础。这对于OC来说，不啻为好消息。

"活动"这种形式为什么有效？因为它让所有在同一个场域的人一起做同一件事情，也就是说，同一时间同一地点做同一件事。这种同一性，使得一件事短期内被重复强化了多次，或者发生了强刺激的事，让人印象深刻。而且，活动的另一特性是无论过了多久，翻一翻当时现场的图片，场景又会浮现，多次这样的弱刺激，也能有很好的记忆效果。

既然"活动"有比企业文化高得多的接受度，那么，在做企业文化渗透的过程中，我们可以通过"活动＋文化"，在活动策划中"植入"各类文化理念，在物料上"叠加"文化设计，营造良好的"活动＋文化"氛围，让全员参与并行动起来，进一步提升员工的归属感和凝聚力。

1. 不放过每一个"节日"

国家法定节假日或传统节日中，比如春节、"女神节"（国际劳动妇女节）、儿童节、端午节、七夕节、中秋节等。

跟企业相关的"节日"，比如企业年会、企业成立纪念日、上市纪念日、集体婚礼、企业家庭日等，这类日子是相对固定的。

跟员工有关的"节日"，比如生日、入职日、拜师日、行业性节日（如教师节、记者节、程序员节）等。

如何在"节日"活动中加"文化"呢？

（1）主题要承接当年战略，与文化导向相契合

很多企业在设计"节日"活动时，文化元素不会少，但会忽略当年的战略主题。这个是需要特别提醒的，因为被人诟病"文化和业务没有关系"，一部分原因就源于此。业务说今年要"创新"，但"节日"活动的设计方案简直就是上一年度的翻版，那不招人"吐槽"才怪呢。

在设计"节日"主题的时候，要做到"心中有数"，这个"数"就是战略方向和文化导向。战略向东，"节日"活动一定也要向东。客户中做得好的企业，会根据五年文化战略的分解蓝图去进行"节日"活动的设计，紧紧跟着业务重心走，不仅在企业文化部内部头脑风暴节日主题名称，还要邀请业务部门的BP、OC一起讨论，问他们："面对即将到来的传统节假日，大家都比较关心什么？注意力在哪儿？可否结合业务和文化共创一个应景的主题？"讨论出几个方案，再去征询意见，共创出一个大家都觉得应景又"耳目一新"且符合战略和文化导向的主题名称。

这个过程，有的人会担心这么频繁地问业务部门，会不会打扰业务工作。基本上不用太担心，要分散到各个部门去问，不要只问一个部门。

（2）精心设计仪式感

节日大多是纪念日，自带仪式感属性。为此，在叠加文化要素时，要进行精心设计，既有节日的欢腾庆祝场面，也要有让人印象深刻的仪式感。

仪式感的核心，一是要与员工有关，二是要比日常精致。比如，入职三周年纪念日，可以在常规的鲜花和聚餐之外，收集该员工入职以来的图片，制作一个短视频，现场播放。同时，再送上一个"3"数字型的纪念徽章。最后，送一张写满了部门每一个同事祝福的卡片。

又比如，软件类企业很重视"1024程序员节"（他们自己更喜欢叫"码农节"），为了凸显公司对他们的重视，可以设计"码农劳动竞赛"来度过一个专属节日，不仅展示码农们的才华和成果，也彰显出企业重视人才、在岗位上培养人才的文化导向。收尾于一个热热闹闹的颁奖仪式，增强他们的自豪感和价值感。

企业文化部和OC既要做员工的"贴心人"，更要做文化的"宣传员"，在设计"节日"活动时，处处体现文化理念，在活动中加入文化元素和文化要求，让员工处处能看到文化、感受文化。

（3）预算启动后，制定一个"节日年历"

节日都是相对固定的，每年的10-12月，根据上一年度和本年度前三季度的节日活动复盘结果，结合公司下一年度的节日预算，制定一个"节日年历"，铺陈一年中所有要开展文化活动的"节日"，见表2-2。

表 2-2　文化活动"节日年历"

月份	节日名称	主题	目的	活动形式	活动内容	责任人	活动预算	评价标准	进度灯
1月									
2月									
3月									
4月									
5月									
6月									
7月									
8月									
9月									
10月									
11月									
12月									

这就像一个项目进度表，目的就是通过每一个"节日"节点来做主题活动，打造企业独特的"节日"活动品牌。

有参与感才有主人翁意识，企业可以根据自身的行业属性、员工特点、发展阶段、战略方向、文化导向，自行设计各具特色的"节日"活动，让员工广泛地参与进来，形成良好的"节日"活动共创、同庆氛围。以下提供一份让全员参与的"春节"活动安排，供读者参考。

例8　W公司春节活动安排

PART 01 "画蛇添福"春联征集活动

活动概述

活动时间：1月24日–1月28日（腊月二十五–除夕）

活动对象：全体员工

活动主办：企业文化部

活动结果公布：2月7日（大年初十）

活动须知

投稿作品不超过3副/人！

1）要融入蛇年元素，反映时代和地域特色；

2）对仗工整，单联5-7字最佳，单边不超过11个字，附上4字横批；

3）须上传至少2张照片及50字以内介绍；

4）扫描小程序码投稿。

活动评审

作品分数由线上投票20%及评委评分80%组成，最终排名前20的作品将获得以下奖励！

名次	奖金	数量
1-5名	168元	5
6-10名	88元	5
11-20名	66元	10

PART 02 "百孝映春 福润心田"

春节孝心瞬间记录大赛

活动概述

活动时间：1月24日-2月4日（腊月二十五-大年初七）

活动对象：全体员工

活动主办：企业文化部

活动结果公布：2月7日（大年初十）

活动须知

1)"孝"的形式不限，送礼物、谈心等；

2）需提交至少2张照片或1分钟之内的视频，并附上50-100字介绍；

3）扫描下方小程序码投稿。

活动评审

作品分数由文字介绍50%及照片/视频内容50%组成，最终排名前30的作品将获得68元红包奖励！

PART　03　"新程欣茂　蛇年艺彩"

新春才艺大炫秀

活动概述

活动时间：1月24日–1月27日（腊月二十五–腊月二十八）

活动对象：全体员工

活动主办：企业文化部

活动结果公布：2月7日（大年初十）

活动须知

1）可融入蛇年文化/寓意/元素；

2）歌唱、舞蹈、乐器、小品、魔术等均可；

3）须提交1分钟到1分30秒的视频且画质声音清晰；

4）扫描下方小程序码投稿。

活动评审

作品分数由投票评选30%及评委评分70%组成，最终排名前20的作品将获得以下奖励！

奖项	奖金	数量
一等奖	200元	1
二等奖	150元	2

续表

奖项	奖金	数量
三等奖	100元	3
入围奖	50元	14

2.打造独特的"文化活动"

"我是天空里的一片云,偶然投影在你的波心。"企业独特的"文化活动",也是天空里的一片云,落地成雨,在员工心中荡漾开一圈又一圈涟漪。很久以后,员工依然会想起那交会时互放的光亮。

好的"文化活动",非但影响员工,还会影响员工家属和社会;非但影响企业,也会影响到客户、产业链的合作伙伴乃至整个产业生态。在"文化活动"打造过程中,重点把握以下三个原则。

(1)文化导向,向商家学习"造节"

为了承接企业的战略和文化的理念,同时凸显企业的个性化,在一些特殊的日子,可以向商家学习"造节",比如,有的企业把最初成立的日子叫"××日",这一天,先进团队和个人回到企业创业的那个地方,重温"初心",并举行隆重的先进颁奖典礼和新一年打胜仗"动员会",其他员工通过线上直播参与。再比如,有的企业把某一个相对固定的日子,叫作"客户感恩日",一方面契合该公司"客户第一"的理念,另一方面,让经销商大会变成了一个充满了故事、温情和有记忆点的大会,让经销商回去以后,久久回味。

不造新节,也可以赋予传统节日以新的意义,比如很多企业会在二十四节气时发布海报，节气海报中叠加了企业品牌和文化元素，设计的海报有企业辨识度和文化导向性，也能起到较好的文化宣传效果。

（2）让员工共创

从"被动参加"到"主动设计"，文化活动不要"一言堂"。完全可以"放手"，发挥大家的想象力和创造力，群策群力，让员工共创出他们喜欢的"文化活动"形式，一起共同营造积极向上的氛围。

有的企业为了强化价值观的宣传效果，员工共创了一系列的15秒价值观短视频，既有正面行为的示范，也有反面行为的警示。因其都是员工熟悉的场景，共创出的内容受到了大家的喜爱。

有的企业有庞大的运动爱好者群体，企业文化部只是发了个"社团团长"的招募令，就凝聚起了所有的运动力量，在活动经费上给予支持，其他放手让他们自我管理。"团长们"充分发挥特长，把公司的足球赛、羽毛球赛、马拉松等搞得风生水起。

对于新入职的员工，可以关注他们的成长，因为刚踏上社会，还有些迷茫，可以引导他们明确自己的目标和方向，写下对自己的期许。

例9　X公司"时间胶囊"策划案——《给未来自己的一封信》

1）企业文化部统一设计、制作"时间胶囊"，并在×月×日之前发放给事业部/部门。

2）以厂区为单位，明确具体实施时间、地点和主持人，统一组织。

3）每个员工带上填写好的《写给未来的自己的信》集中投至"时间胶囊"。

4）约定在3年后取出来。

5）投递完成后，厂区所有在场人员共同宣誓。

6）学习组长将投递仪式和宣誓仪式的图文资料发送至BP，BP审阅后发送至事业部/部门负责人和企业文化部。

7）约定三年后的×月×日，大家一起打开"时间胶囊"，看是否实现，分享成长的故事。

（3）创新的游戏化设计

随着近几年Z世代进入职场，企业各类活动的玩法也在进行快速迭代，作为互联网下长大的他们，喜欢互动、社交、竞争和奖励，对活动的要求呈现出了明显的游戏化特征——互动性、社交性、即时反馈、趣味性、科技感，比如游戏化元素中的积分、徽章、排行榜，这些对他们有更多的吸引力。

文化指向未来，年轻人代表着未来，为此，要考虑将游戏设计元素应用于企业文化的落地。

"剧本杀"里悟道：将企业的规则和故事情境融入"剧本杀"中，让员工根据5W1H（who何人，when何时，where何地，why何因，what何事，how何法）提供故事原型，以一个完整的"剧本"，让员工在游戏中理解企业文化的意义，了解企业的历史背景。同时开一个"创新"的口子，让他们通过情景式的体验进行复盘，作为一个很好的教学案例。

开盲盒做奖励：盲盒因其随机概率、社交属性，得到了年轻员工的青睐。设置一些文化学习和传播的小任务，完成后可以获得一些奖励。奖励的设置可以引入盲盒机制，将健身卡、电影票、美容卡、迟到卡、个人教育培训、专属表情包、咖啡券、小礼物等放入盲盒中，在拆的那一刻，带给员工有趣又有用的激励体验。

文化理念表情包"热梗化"：企业在设计文化理念的表情包时，将文化理念、"企业方言"或"土话"、网络"热梗"相结合，以轻松、幽默的表达替代一本正经的"说教"，如"拒绝蕉绿""摆烂，退退退""这需求我接了""客户虐我千百遍，我待客户如初恋"，等等。

要赢得年轻员工的心，就要主动了解他们平常的喜好、习惯等，通过独特的"文化活动"设计，让他们在游戏中理解文化、在互动中认同文化。

3. "大家"带"小家"，践行 ESG 理念

近几年，环境、社会和公司治理（ESG）已成为衡量企业可持续发展的重要标准。越来越多的企业认识到，关注 ESG，不仅是对社会责任的履行，更是企业实现高质量长远发展的关键。

为此，有的企业在使命、愿景的表述中，强调了员工的利益和社会责任维度，比如，"为人类和社会的进步与发展贡献力量""使人人受益""员工第一""追求全体员工物质与精神幸福""让全体员工幸福快乐生活"等表述，这些都说明企业对 ESG 的重视。从企业的感知来看，员工也越来越注重工作和生活的平衡，驱动员工努力工作的因素中，工作的意义和价值占比在上升。

（1）"家庭日"传递文化温度

很多企业设置了"家庭日"，员工可以带上家人参观公司，体验公司产品，一起学一项技能（如元宵节包汤圆）、一起玩一个游戏（如六一节游园），通过和家人一起做一件有意义的事，来增强员工的归属感。

"我女儿说她印象最深刻的是在爸爸的公司里一起游园,她非常喜欢我们公司,公司的价值观张口就来,可能是那次游园中的游戏体现了公司价值观的缘故,也可能是平常我在家里说得多的缘故。对了,说起这个,我爱人说咱们公司的价值观在家庭教育中也适用。"在Y公司的2024年度文化复盘调研中,一个员工跟我分享他在公司里的"暖心时刻"。

只有稳住大后方,前方才能打胜仗。当家人也能充分感受并认同公司的文化时,文化的渗透就从员工延展到了家庭,可以强化员工对企业的信心,同时,也减少了人才因家庭原因而流失的情况。

（2）公益活动彰显企业担当

企业承担着社会责任,尤其是国有企业,公益"结对子"扶贫项目深入人心,是扩大社会影响力很好的载体。

企业是社会的企业,要重视与社会的连接,通过策划让员工和家人共同参与的公益活动、环保活动,践行企业使命,履行社会责任,不仅扩大了企业的社会影响力,也向员工和家人、向社会传递了企业的担当和爱心。

Z公司每年都会在"植树节"所在周的周末组织员工植树,并欢迎员工带着孩子一起参加。这一天,员工和兴奋的孩子一起亲手种下一棵树。种完后,在树旁立一块刻有员工和家人姓名的小牌子,并合影留念。一年一棵树,孩子和企业一起成长,这一活动取得了很好的效果。

(3) 邀请家属见证员工荣耀

员工进入公司后，成为公司价值创造大军中的一分子，那些与员工个人相关的、值得庆祝和纪念的日子都可以邀请家属参加，一起见证员工在企业中的成长和打了胜仗后的荣耀，感受公司对优秀员工的尊重和珍惜之情。

这样的日子，比如入职纪念日、首次签单、第 100 万个产品下线、销售额破亿、项目成功……"军功章里有我的一半，也有你的一半"，感谢家属在背后的大力支持，让家属上台一起领取荣誉。这样的荣耀高光时刻，可以回味很久。

小结

如何文化"引"客，如何文化"留"人，是企业文化部策划、组织各类活动时的新课题。本节从"节日 + 文化""特色活动 + 文化""家庭活动 + 文化 +ESG"三个角度分别阐述了文化植入的重要性和方法。

在策划各类活动的过程中，文化植入要既不着痕迹，又无处不在，通过高频次、强体验的文化触点，将企业文化理念转化为员工的行为习惯和情感认同。

活动本身不是目的，文化渗透才是根本。

第三节　文化大使，组织"末梢"变身文化"前哨"

前面两节讲的是如何将文化渗透进企业的每个神经末梢，本节就讲讲由谁来推动文化落地"最后一公里"的渗透工作。

从理念萃取到文化落地的漫长过程中，根植于一线、推动企业文化落地的"文化火种"，不同的企业有不同的叫法，有的叫"文化大使"，有的叫"OC"，有的叫"文化官"，有的叫"文化对接人"……在这里，我们把部门内负责企业文化工作的人员统称为"文化大使"，他们既对所处的业务部门负责，也对集团的企业文化部负责，属于双线管理。

文化大使的配置原则，每个企业也不同，有的是根据部门设置，一个部门一个；有的是根据人员数量进行配比，比如500个员工配一个文化大使，大的业务部门可能有好几个文化大使。没有统一的标准，每个企业根据企业的实际情况配置即可。

文化大使的主要职责是通过企业文化理念的传播、企业文化培训课程的开发与讲授、参与设计并实施文化活动或项目、对全体员工进行传播和即时反馈等落地方法，将抽象的文化理念转化为具体的日常行为习惯，解决文化渗透的"最后一公里"，保证萃取出来的理念从渗透到执行，始终贯穿一致。

在组织设置上，部门一号位、部门HRBP、文化大使形成了一个文化铁三角，他们形成的合力，将在文化落地工作中发挥很大的作用。

1. 文化大使，解决文化渗透"最后一公里"问题

1.1　为什么需要文化大使？

前文提到，企业文化需要全员参与，但企业文化渗透存在"漏斗"现象，面对文化理念在传递过程中迅速衰减的现状，就要通过即时反馈来确认和纠偏。谁能提供及时反馈？无疑是接近一线员工的人。

企业文化要深入人心，落地生根，就需要打造这样一支专门的文化大使队伍，他们能深入企业的每个组织"末梢"，为文化持续传播点燃火种，为身边的员工源源不断地提供即时反馈和赋能，让企业文化的"星星之火"，通过他们的努力形成"燎原"之势。

1.2　文化大使从哪里来？

文化大使作为推动全员参与文化建设和落地的关键力量，不是每一个员工都能成为文化大使的。

企业高管、部门一号位天然就是文化大使，对他们实行自然委任制，无须选拔。为了和文化大使区分，有的企业称这个群体为"一级文化大使"或"文化领航官"，以区别于文化大使。

其他文化大使的产生可以采用"自愿报名+单位推荐"的形式，也可以采用公开选拔的形式。

无论采用哪种形式，都需要具备一定的条件，基本条件就是热爱企业、高度认同企业文化且行为一致、具备强烈的责任感和使命感。同时，最好在群众中有一定的影响力，类似"意见领袖""知心大姐"等。

例 10 A 公司企业文化大使的选拔标准

1. 热爱公司，对公司忠诚度高，认同公司企业文化，有强烈的企业荣誉感和归属感。

2. 工作业绩优良，上一年度员工绩效考评为 B 级及以上。

3. 有"奋斗者"基因，在工作岗位上围绕价值创造有突出贡献。

4. 群众基础好，行为得到所在单位大多数领导及同事的认可。

5. 沟通表达能力强，做事有决心有恒心有毅力，热心于各类集体活动，在过去的企业文化活动中积极参与并表现优秀的员工优先。

6. 在工作中无违规违纪行为，无安全、廉洁等方面的否决事项。

明确了标准，就可以根据流程公开选拔。

例 11 B 公司企业文化大使的选拔流程（见图 2-3）

第一步	第二步	第三步	第四步	第五步	第六步	第七步	第八步
发布招募令	内部公开报名	资格审查	选拔比赛，试讲8分钟	按名额选出文化大使	部门总+HRBP评议并确定	名单发送至企业文化部	经公司相关部门联合会审，企业文化领导小组审定后，认定为"准企业文化大使"

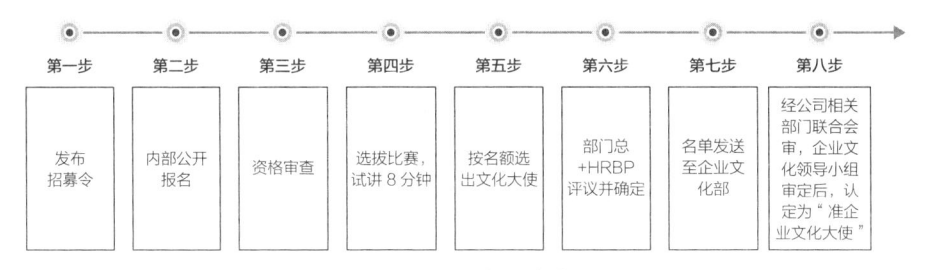

图 2-3 企业文化大使的选拔流程

第一步：发布招募令

第二步：内部公开报名

第三步：资格审查

第四步：选拔比赛，试讲 8 分钟

第五步：按名额选出文化大使

第六步：部门管理者 +HRBP 评议并确定

第七步：名单发送至企业文化部

第八步：经公司相关部门联合会审，企业文化领导小组审定后，认定为"准企业文化大使"

1.3 为文化大使赋能

初步选出后，并不能马上给正式的"文化大使"称号，只给"准大使"的称号，随后，对他们进行集训赋能。集训赋能的时间根据"准大使"的实际能力决定，有的企业是2天，有的是3天，核心目标是能写会讲，"写"指的是撰写文化故事或文化案例，"讲"指的是能讲好企业文化课。看一下C公司的案例，他们举行了为期3天的集训，用3个月时间进行磨课和练兵。

例12　C公司文化大使集训——课程教学内容设计（Day1）

时间	起止时间	单元/内容	关键教学活动或案例说明	教学方法	主讲/引导人
上午	9:00-9:05	主持人开场	集训目的和意义		略
	9:05-10:35	公司高层开班讲话	开班主题发言	宣讲	公司高层
	10:45-12:00	组建学习小分队　宣布集训公约	参与式主题活动1：文化大使画像（包括各自特长） 参与式主题活动2：大事连连看 讲解：集训公约、积分规则、奖励措施	头脑风暴　游戏教学　规则约定	

续表

时间	起止时间	单元/内容	关键教学活动或案例说明	教学方法	主讲/引导人
下午	13:30-15:30	共同纲领	精读+专家讲解 参与式主题活动：文化翻牌+模型搭建	精读+专家讲解 游戏教学	
	15:45-18:00	分部逻辑	精读+专家讲解 参与式主题活动：一站到底（高阶版）	精读+专家讲解 游戏教学	
晚上	19:00-21:00	完成作业	作业：作为文化大使，我如何讲好文化培训课？ 备课 制作课件PPT 磨课	应用实践	

"准大使"通过参加一次集训、编写至少一个文化故事、开展至少三场文化宣讲等一系列"练兵"和"通关考核"后，才能摘"准"字。

通过认证后，由公司颁发企业文化大使专属徽章。

2. 筛了马，还要晒马，更要赛马

通过初选、集训和通关考核，只是筛选出了文化大使，而要发挥他们的积极性和主动性，还要通过后续的"晒""赛"机制保证。"晒"指的是公开晾晒，及时地晒数据、晒成绩；"赛"指的是公布排名，奖优汰劣，保持文化大使队伍的先进性。

要公开"晒""赛"，先要在机制上保证公平，为此，企业应在筛选出文化大使之后，制定文化大使的运营管理原则和运营管理方法。

2.1 文化大使运营目的

有人说，文化大使运营管理就是"卷"文化大使。其实不然，"卷"只是表象，让文化大使充分发挥其在文化建设和落地过程中的作用才是核心目的。

具体来说，文化大使运营要达成以下目的：

1）凝聚人心，同心同向同行。文化大使是团队凝聚力的纽带和润滑剂，通过充分发挥文化大使的文化示范作用，以文化为牵引，紧密结合公司战略，注重文化落地和业务的融合，激发自信心，在形成共识的基础上，带领团队同心同向同行。

2）做好表率，助力业务发展。文化大使是团队凝聚力的核心和纽带，是文化理念在业务实践过程中的行为化表率，要在业务实践过程中充分发挥文化大使的牵引作用和示范作用。

3）又"红"又"专"，文化人才辈出。文化大使既是文化理念的践行标杆，也是文化推广的使者，不仅自己做到又"红"又"专"，也要持续培养文化后备力量。文化大使每年都应有新进力量，同时也要淘汰不合格的文化大使，要通过运营蓄满"文化大使"人才池，保证人才池的数量和质量都处于健康状态。

2.2 文化大使运营原则

文化大使运营的方法可以根据企业的需求千变万化，但运营原则主要是以下四个方面：

（1）公平公正：已认证的文化大使，全部纳入运营体系。公平公正的环境是文化大使成长的摇篮，建立一个公平公正的运营平台，文化大使不会有过多的"人情""灰度"乃至"暗箱操作"的顾虑和担忧，都在一个平台上，表现是透明的，没法为自己找借口。做得好就表彰，做得不好就淘汰。

（2）游戏化：文化大使本身业务繁忙，为减少压力和负担，采用游戏化的方式，通过积分、奖励、晋级等方式获得即时反馈，可以增强文化大使的参与热情和成就感。

（3）不断成长：体系化的文化大使长效运营机制，不仅可以让文化大使在岗位上经验积累获得职业成长，也可以让企业文化部通过运营实践不断验证和优化运营管理的方法和工具，让企业文化部和文化大使都有获得感和荣誉感。

（4）责权利对等：为了调动文化大使积极性，一般来说，企业会给予文化大使额外的利益和荣誉，为此，文化大使也要承担相应的责任。

2.3 文化大使运营方法

文化大使运营可以采用多种管理方式，近几年，除了传统的文化大使考核办法之外，社交平台的玩法和游戏式玩法也被引入了文化大使运营中。以下介绍其中的三种。

（1）月度考核评优管理

这是借用了绩效考核管理的一种方法，有的企业倾向于采用这种方式，考核的周期是一个月，有即时反馈的优点，对于调动文化大使的积极性和主动性有裨益。

例13 D公司"企业文化大使"月度积分办法

工作职责	工作内容	计分标准
担任"文化讲师",宣讲企业文化	定期在各职能部门、事业部、分(子)公司、项目一线进行企业文化宣讲培训。结合业务实际,以员工更易接受的方式进行文化培训,提升员工对公司的认同感和归属感	0分:未按时制订培训计划或未实施培训计划。 1分:制订培训计划,且完成宣讲,但内容流于形式、程式化,未结合实际业务需求。 2分:定期结合业务需求有针对性地组织企业文化培训,内容翔实有趣、贴合业务,员工反馈良好
带头参与文化活动,积极号召员工参与	发挥中心纽带作用,成为公司企业文化建设的积极推动者和践行者,如活动倡导、带头参与、会后监督等	0分:对公司组织的文化活动无动于衷,未开展上传下达和活动号召。 1分:对公司组织的文化活动,只做程式化的上传下达转发告知工作,未积极宣传或组织不及时。 2分:对公司组织的文化活动,能够结合业务特性积极宣传,带头参与或鼓励员工参加,成果良好
挖掘优秀文化案例,撰写文化故事	具备发现故事的眼睛,积极挖掘身边优秀的文化案例,通过组织采访或其他形式深挖背后的细节,以具象生动的故事让人感受到文化的力量,影响更多人在日常工作中践行文化	0分:未定期发掘或提报本部门文化案例。 1分:把文化案例挖掘任务下放给员工,由员工定期提报,起到收集和转发的作用。 2分:积极观察留意身边的人和事,对于优秀的案例,愿意花时间和精力组织采访或其他形式丰富故事细节,并定期提报至总部
定期组织文化沟通交流,收集员工心声	定期组织文化沟通活动,针对业务难题、人员思想状态、当前需求等问题,让大家直抒胸臆,表达真实想法;收集员工心声,向上反馈并积极追踪落实解决方案,以增强团队凝聚力和战斗力	0分:不组织任何文化沟通交流活动,对于员工的意见视而不见。 1分:定期组织文化沟通交流,收集员工心声,但只做收集反馈,不关心问题是否解决,内容流于形式。 2分:能够针对业务难题、人员思想状态、当前需求等问题,及时组织文化沟通交流,收集员工心声,向上反馈并积极追踪落实解决方案

上述案例中的 D 公司每月对"企业文化大使"进行绩效考核，考核成绩排名第一则荣获当月企业文化"推广之星"，获得在上月费用基础上加 300 元的"文化经费"，这种累计制让部门的文化大使主动"卷"起来，积极性和协作性高涨。

（2）积分制管理

积分制本质上是"多劳多得"的体现，作为认可评价激励的数据载体和表现形式，文化大使的每一项有效工作和动作都能产生规则上对应的积分。

由于积分制把每一项行为都进行了量化，呈现形式也很直接，还便于分析和应用，受到了企业文化部的青睐。另外，积分的累积过程也等同于文化大使的成长历程，为此，文化大使们也很认可。

积分分为固定积分和变动积分。固定积分一般有明确的积分标准，对应的是企业要求的必选动作，具有周期性，积分赠予的时间和数值都较为稳定。变动积分具有动态性，类似于"志愿者项目"，根据需要发布项目名称、内容、时间、要求和积分值。

根据企业实际情况分解积分维度、积分项和分值，表 2-4 供参考。

表 2-4 文化大使积分制管理分解表

积分维度	积分项	分值
文化传承类	担任新员工的职业引导人	5
	新员工培训中担任文化讲师	5
	部门内文化培训课程中担任讲师	3
	新文化大使选拔中担任辅导员	2

续表

积分维度	积分项	分值
文化宣传类	撰写公司级宣传文稿	5
	提供文化故事/案例并被采纳	3
	公众号/视频号投稿并发表	3
	参与《文化故事集》编撰或校稿	2
	提供宣传线索	1
文化活动类	策划或参与文化-业务工作坊	5
	策划高管宣讲文化活动	5
	策划或参与部门大型活动	3
	大型文化品牌活动工作组成员	3
	在团建或日常活动中植入文化元素	2
文化大使成长类	参与集团组织的外部学习培训	2
	参与部门内部组织的学习培训	1
	参与各部门间的交叉学习	1
	完成培训所有考核内容	1
	在部门内二次培训	1
即时任务类	完成文化志愿者招募活动	发布值
	整理员工反馈，对公司提合理化建议	3

积分生成后，要将积分榜单进行定期或即时公布，文化大使可以随时看到自己的积分情况和排名情况，激发暂时积分落后的文化大使向先进看齐，也可增进文化大使间的日常沟通交流，形成"比学赶帮超"的良性竞争氛围。

文化大使积分是量化文化大使行为、文化落地结果的衡量依据，可以用于各类评优，也可以将积分进行奖品或奖金兑换，奖品和奖金额度自定。

通过文化大使积分制管理，既给予精神奖励，也给予物质奖励。

（3）授予文化大使专属徽章

每个人对于奖励的渴求是基于天性的，奖励作为一种重要的激励手段，是通过正面反馈来激发荣誉感和进取心。它不仅是对过去成绩或贡献的认可，更是对未来行为的牵引。受小朋友特别期待当天的表现能拿到"贴贴纸""小红花"的启发，有的企业对文化大使的奖励采用"文化大使专属徽章"的方法，通过视觉识别，给予表现优良的文化大使以表扬和奖励。

用过"微信读书"的朋友都知道，平台会根据读者的不同表现，给读者颁发不同的徽章，目的是强化读者的行为。同理，授予文化大使专属徽章也是通过文化大使身份的认证强化文化渗透到组织"末梢"的行为，赋予文化大使责任，就先赋予他一个特殊的"身份"，为了彰显"身份"，提升文化大使的自豪感和荣誉感，就给他一个"文化大使专属徽章"。

徽章可以是电子徽章，也可以是实体徽章，根据企业的实际需求进行设计。

电子徽章玩法更多样，例如，某些徽章，只要文化大使参与就能获得，而另一些徽章需要成为排名前10%的优秀文化大使才能获得，同时，还可以为不同的文化主题设计不同的徽章，促使文化大使通过完成不同的任务来收集徽章。

实体徽章相对单一，考虑到设计制作成本和徽章管理难度，一般就做成单一款。但也有好处，可以让人一看到佩戴的徽章，就知道你是文化大使，是"身份"的象征。

3. 发挥"文化铁三角"合力，将文化渗透到业务

在组织设置上，三角形是最为稳固的。在文化渗透与落地过程中，同样也可以由部门一号位、部门 HRBP、文化大使组成一个稳固的"文化铁三角"（见图 2-4）。企业要明确"文化铁三角"的角色与定位，各司其职，形成文化合力，助力业务持续"打胜仗"。

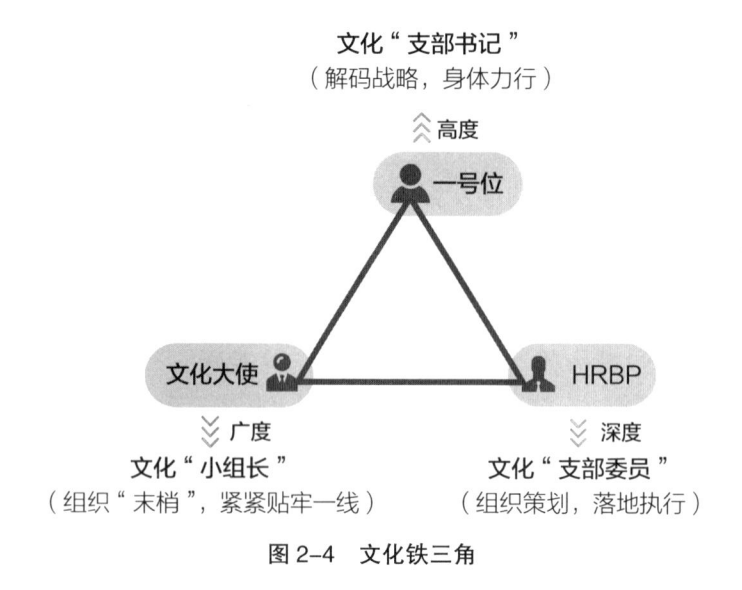

文化"支部书记"
（解码战略，身体力行）

⋙ 高度

一号位

文化大使　　　　　　　HRBP

⋙ 广度　　　　　　　⋙ 深度

文化"小组长"　　　　文化"支部委员"
（组织"末梢"，紧紧贴牢一线）　（组织策划，落地执行）

图 2-4　文化铁三角

3.1 "文化铁三角"的角色与定位

商场如战场，要带领企业"打胜仗"，就要向军队学习。"三湾改编"提出的"支部建在连上"的原则和制度，给我们以启示。"支部建在连上"，即在连队设党支部，在优秀士兵中发展党员，在班排设党小组，在连以上设党代表并担任党组织书记。

按此来设置的话：

（1）一个部门相当于一个连队，部门一号位相当于"支部书记"，要承接集团的战略并分解为部门战略，同时，要身体力行文化的理念，身先士卒、以身作则"用"文化。文化一号位是企业文化落地的"舵手"、文化行为示范者和监督者，决定了文化体系所能发挥作用的高度。

（2）HRBP相当于"支部委员"，从开展文化调研，到组织策划一系列的文化落地动作与特色文化活动，充分激发部门内干部、员工的积极性和能动性，将一号位的战略部署真正落地执行。HRBP是部门一号位的得力助手，是文化在部门落地的执行者、推动者、主责策划人，决定了文化体系所能发挥作用的深度。

（3）文化大使相当于班排"小组长"，是组织的"末梢"，同时，也是文化的"前哨"，要紧紧贴牢一线员工，打通组织的"神经末梢"和"毛细血管"，通过多渠道收集员工对文化的意见建议，对一线问题及时给予反馈，架起集团和基层、一号位和一线员工的桥梁。有时，还要化身"文化翻译官"，将抽象的文化理念和行为准则，用一线员工熟悉的语言和场景，重新进行表达和传播。文化大使决定了文化体系所能发挥作用的广度。

3.2 "文化铁三角"的职责

对于业务部门来说，无论什么时候，敢打胜仗、能打胜仗、打下胜仗是根本职能和价值所在。组成"文化铁三角"，最根本的目的是凝心聚力，提高业务竞争力，保证业务"打胜仗"。下面，对部门一号位、HRBP和文化大使的职责侧重点进行分解。

（1）部门一号位的职责

1）承接公司的战略，明确部门业务工作方向，并将公司战略分解为部门战略，进行战略战术部署，带领团队团结一致打胜仗。

2）随时、随地、随事传播文化，带头使用文化共同语言，既要对部门内的新老员工进行文化讲解，更要在给员工做业务辅导或工作反馈时，将文化理念渗透进每一位员工的每一项工作中去。

3）践行文化做表率，把文化真正"用"起来。比如，在开业务分析会时，说明自己是如何"用"文化理念进行决策，剖析某一项业务"打胜仗"是因为紧紧围绕"客户第一"的理念开展了系列工作，最终赢得了订单。在流程、制度建设或改进时，要注意和文化理念不能有冲突，如果有冲突，就会出现尴尬局面：嘴上说着"客户第一"，在KPI指标中却根本没有"客户满意度"权重。如果理念和制度、流程不一致，员工在执行时就会无所适从。

4）主导部门年度文化评估工作开展，定期审视文化在部门落地的实际情况，复盘总结，迭代改进。

（2）HRBP的职责

1）制定公司文化在部门的落地方案，组织公司文化的落地与执行。既懂业务又懂文化，与部门一号位和文化大使通力合作，既能分解业务目标到每个员工，又能在业务主题活动、部门活动中植入文化基因，实现业务和文化的"一体两面"。

2）做好集团与部门的文化工作对接，发挥上情下达、下情上传的桥梁作用。定期组织文化沟通交流，用业务语言讲解文化理念和相应制度，针对业务难题、人员思想状态、当前需求等问题，请大家直抒胸臆，表达真实想法。通过收集员工心声，向上反馈并积极追踪落实，增强团队的凝聚力和战斗力。

3）推进文化理念在部门落地的行为标准转化，根据部门特性和岗位性质，提炼既匹配文化理念又结合业务特性的员工行为准则。比如，同样是践行"客户第一"理念，研发岗、销售岗、生产岗的对应行为准则应有所不同。

4）推动文化融入 HR 工作全流程。招聘时做文化"闻味官"；评价考核时主导价值观考核；晋升时将文化的践行作为标准之一；培养人才时赋能导师团队，助力新员工尽快文化融入。

（3）文化大使的职责

1）担任"文化讲师"，定期在各自所在班组进行企业文化宣讲培训。明确宣讲目的以及要达到的效果，针对性做培训课件，结合业务特性和案例，以员工易于接受的方式进行企业文化培训，提升员工对公司的认同感和归属感。

2）带头参与文化活动，积极号召员工参加，促进文化活动的开展及落实，如活动倡导、带头参与、会后监督等。

3）积极挖掘身边优秀的文化案例，通过采访、面谈等形式深挖背后细节，以具象生动的故事让人感受到文化的力量，影响更多人在日常工作中践行文化理念。

4）入职 3 年以上的文化大使，是文化价值判断的"闻味官"。

5）在新员工的适应过程中，做"文化引导人"，帮助新人融入。

为了实现最终目标，"文化铁三角"既要分工明确，各司其职，又要协同合作，形成合力，将抽象的文化理念转化为业务场景中的具体行为，并通过机制设计、行为纠偏和持续迭代，让文化真正在业务一线扎根。

小结

文化大使是组织的"末梢",更是文化的"前哨",大量的文化应用场景就在他们身边,作为文化渗透与传播的纽带和推动者,文化大使将抽象的文化理念进行"翻译",将文化以员工熟悉的方式深入渗透员工日常行为中,解决了文化渗透的"最后一公里"问题。

文化大使是一个"称号",更是一份责任,为了发挥他们在文化渗透和落地过程中的重要作用,在精心筛选文化大使的基础上,更要建立"晒""赛"机制来管理文化大使,激发他们的积极性和主动性,让他们通过努力有获得感和荣誉感。

而要将文化渗透到业务中,单靠文化大使的力量是不够的,部门一号位、HRBP和文化大使要组成一个稳固而强大的"文化铁三角",通过分工与合作,将文化真正渗透到每一个岗位、每一个人、每一件事,最终形成可持续的组织竞争力。

第三章 文化领导力：从"两张皮"到"一体两面"

第三章 文化领导力：从"两张皮"到"一体两面"

文化有用吗？如果有用，怎么用？

热热闹闹、高频次、高强度地渗透工作之后，文化落地就进入了"深水区"。理念萃取一年，文化渗透一年，两年时间过去了，但怎么还没见到效果呢？

一旦在思想上产生动摇和怀疑，往往就没有坚定的信念继续往下走。实际上，很多企业的文化落地也就止步于文化渗透。偏偏下一环是文化产生价值和力量的最关键环节，即文化要产生领导力。

对于企业来说，文化理念就是实现企业共同目标的路线和方针，一旦明确，领导者就成了关键。如果把一个团队或一个业务单元比喻成一辆开往未来的"列车"，领导者就是这辆"列车"中的"司机"，肩负决策、指挥、组织的重任，决定着自己和团队的发展方向。领导力的产生，核心是行为的示范，也就是说，员工看管理者有没有领导力，不是听他怎么说，而是看他怎么做的，行胜于言。文化的渗透只是为后续的工作夯实了思想共识的基础，真正做好文化的传承与践行，就要做到领导者先行。

"企业文化理论之父"埃德加·沙因也特别强调要把企业文化和领导力联系在一起，他认为："企业文化与领导力就像一枚硬币的两面，我们不可能抛开其中的一面而单独理解另一面。""如果缺少对企业文化产生、演化和变革的考虑，就不可能真正地理解领导力。同样，如不考虑企业内部各层级和各职能部门的领导者如何行事，及如何影响整个企业的系统运作，就不可能真正理解企业的文化和亚文化。"

为了便于阅读，在本章中，除特别标注的如"高层管理者""中层管理者""基层管理者"之外,我们把"干部""领导者""各级管理者""团队负责人"统称为"干部"。那么,具体如何操作才能让干部提升文化领导力呢?

本章,我们将从"干部学文化"——对干部进行文化领导力赋能、"干部讲文化"——让干部随时随地随事讲文化、"干部用文化"——让干部"用"文化解决业务问题三个方面来讲解。

第一节 干部"学"文化，为干部赋能

干部的职能主要有制定与实施战略、执行决策、建立和健全组织结构、选拔人才、进行思想工作等，对于企业来说，这些都是"重要"的事。其中，干部要在文化塑造中起核心作用和带领员工打胜仗，是"重中之重"，为此，干部成为了文化建设与落地能否成功的最关键因素。

企业文化是干部的领导力、凝聚力、执行力、控制力、影响力、活力等的动力系统之一，在沙因说的"基本假设"层面——深层次的无意识信念决定了干部的基本行为方式。

有的企业和干部自欺欺人，以为通过一份全员通知、一本企业文化手册就能让企业文化产生作用。其实，文化涵盖了企业经营管理的方方面面，尤其是干部每天"做"的方面。

例1 两种文化落地行为，两种结果

E公司的干部，因为项目部在全国各地，一年飞行70多次，深入每一个项目部，和业务沟通、和一线员工交流谈心、听取合作伙伴心声，即便是刚动完手术，客户一说要会谈，就马上奔赴一线。身体情况不允许飞行，那就坐七八个小时的高铁。这样的以身作则带来了整体经营和管理的好转，《E公司共同纲领》发布后一年半，"项目履约力增加，办事效率大力提升，解决问题的能力增强，这就是文化的力量。"

F公司的创始人，每到重要活动场合，就宣称"文化理念就是我创业30余年的思想总结"，但他不主动走进生产一线，不主动和基层的员工交流，孤独地待在专属于他一个人的楼层，想听谁汇报就让秘书把谁喊过来。问话过程中，一言不合就开始批评，不让下属说话，自己不停地输出。《F公司共同纲领》发布后的第四年，营收和企业规模还是原来的体量，部分业务市场占有率不升反降。

无论有没有企业文化手册，员工都不会关心手册上那些文字，他们只会关注干部的行为，观察干部如何识人断事来确定干部秉持的是什么价值观、决策的依据和原则是什么。比如，他们会在周会上看干部对员工的哪些行为进行了表扬，对员工的哪些行为进行了批评；在年度晋升名单上，看干部晋升了谁……这些日常的管理动作，看起来不是在"讲"文化，其实都在展示干部是否真正在"用"核心价值观和理念做事。

为此，对干部进行文化赋能，不是对他们"讲授"企业文化，而是分层拆解其日常的"经营和管理动作"，针对重要的关键项，如何"用"好文化理念带领团队打胜仗，帮助各层级干部实现文化管理，有效提升管理效率和经营效益。

1. 对高层管理者赋"心"能，多做"思想团建"

人对事成，对于企业来说，搭建一支"一条心"的高层管理者（以下简称"高管"）队伍非常关键。其中，"一条心"是关键中的关键。

很多企业的溃败并不是外部环境和竞争对手造成的，而是从内部的高管斗争开始的。在有些企业中，有的是亲人创业，后来产生分歧，夫妻反目、父子不和；有的是朋友或同学创业，到后面不但分道扬镳，甚至老死不相往来，比陌生人还陌生；有的高管没法继续待，不仅离开企业，还带走了核心骨干，另起炉灶，成为原企业的竞争对手……类似情况很多，不一一列举。

在企业里，企业创始人和高管队伍之间隔了一层纱。这不是缺点，这是人性。非亲非故的，如何完全信任他人？如何放心把后背交给别人？如何做到"一条心"呢？但高管之间的团结协作又对企业发展起着关键作用，具体怎么办呢？先来看一个例子。

例2　打算离职的高管，留下了

在G公司做文化项目的时候，项目进程卡在了高管这里。在访谈阶段，有一个从外企高薪聘请的高管向我们吐槽："我很难接受老板的霸道，正准备离职，可能你们下次讨论的时候，就见不到我了。"

当时我很吃惊，细问他和老板之间的隔阂到底在哪里。他抱着反正要走的决心，对我这么一个"外人"全无保留。

回去后，我翻阅了所有的高管和部分核心中层的访谈记录，发现这不是个别问题，老板明明乐于分享，给钱也大方，怎么就在"夹菜""不让说话"这类事情上招致了不满呢。

为此，在下一次正式会议之前，项目组决定先开展一场高管的"思想团建"。

唯一的议题：写一封给老板的信，并现场念给老板听。

对老板的唯一要求：前面无论听到什么，都请老板忍住不说话，等其他人都发言完毕，老板再发言。

虽然高管们平时经常在一起开会，但这样的议题和要求可能是第一次，现场氛围就是两个关键词——"梦想"+"感动"，动情之处，老板听着听着，竟泪流满面。

在最后的总结发言时，老板说："我今天很激动，我没想到兄弟们都是真心实意为我着想，可我每次都不让你们说话，总是没有听完就中途打断你们，我很抱歉，我心里尊重大家，但没有做好，我今天做自我批评，这也是我们公司的核心价值观，以后请大家监督我，我努力改正。"

一番话说完，现场响起了长时间的掌声。我访谈过的那位高管，也被老板的真诚感动而留下了。

一般情况下，"思想团建"共识的是什么思想呢？

（1）追求梦想，明确方向

一般来讲，高管之间很少谈"利"，谈得更多的是"事业""梦想""战略""方向"等。创始人创业时，先有一个大胆而激进的梦想，用这个梦想去凝聚一帮人，然后通过努力一起实现梦想。这个梦想，就是企业的使命和愿景。

《小王子》中写道："If you want to build a ship, don't drum up people to collect wood and don't assign them tasks and work, but rather long for the endless immensity of the sea."（译为：如果你想要造一艘船，先不要雇人去收集木头，也不要分配任务，而是激发他们对海洋的渴望。）这句话揭示了领导力的核心，说明了激发人的内在动力比分配任务更重要。

作为高管，要通过"思想团建"赋予他们"心"能，唤起他们对企业共同梦想的追求和对所从事事业的热爱。文化理念萃取阶段的高管共识和共创、民主生活会上进行批评与自我批评等，都属于"思想团建"。另外，企业每年召开的"战略会""年度工作会议"等，大家总结复盘上一年度的工作，回顾目标完成情况，并展望下一年度的工作方向和工作思路。在这些会议召开前，高管要先进行一轮"思想团建"，达成方向共识，再在大会宣布。

（2）坚定信念，驱动变革

企业的发展不会一帆风顺，特别是在面临低谷或变革时，高管的思想统一和以身作则更为重要。每到这样的时刻，企业"一号位"要多召集高管做"思想团建"，统一思想，聚成"一条心"，追求"一个梦"。

特别是在企业变革调整期，本身就人心浮动，更需要高管们在一起先达成变革的思想共识，并积极推动变革。当高管们"一条心"地站在一起，能很快稳住局面。否则，大家相互猜忌，会让事态朝着不好的方向发展。

总而言之，给高管赋能，赋的是"心"能。通过一起"造梦"，共识共创一个共同的愿景，动员并凝聚起一支"一条心"的核心团队，一起走向远方。

2. 对中层管理者赋"胜"能，多做"沙盘团建"

中层管理者是把高管"造的梦"变为现实的重要力量。有的企业特别纠结战略上的选择，总担心因选错而后悔。但其实，选择没有明显的对错之分，重要的是高管在做完选择之后，中层在执行时把事情做对。

但一说做企业文化，业务端的中层管理者往往有这样的反应：

（1）业务已经忙得不可开交了，能不能别拿文化这种虚的事情来烦我。

（2）文化要做这么多事，还要考核我，那我的业务KPI指标，你来帮我完成吧。

（3）文化的事等等吧，我做完业务再来做。

这已经是很客气的了，不客气的直接跑到老板那里告状，说文化妨碍了业务，KPI完不成是做文化惹的祸。甚至有的中层管理者觉得文化就是收集他们的错误，相当排斥。可见，现实中的文化落地，高管尤其是"一号位"很支持，但很难得到中层管理者的支持和拥护。

对于中层管理者来说，最重要的就是带领团队打胜仗。但在"打仗"的过程中，经常会碰到很多问题。这些问题，大部分是中层能自行解决的，少部分则是一直悬而未决的问题，或共性的问题，或潜在的问题，这些问题非外力难以打破。

针对这样的管理"痛点"，可以为中层管理者赋"胜"能，让他们把文化当作管理的工具，通过"用"文化来解决业务问题，团结一致打胜仗。

例3　15天和0.5天的背后

H部门最近接到了客户投诉，认为产品设计存在问题，希望尽快修复问题。

产品设计组马上行动，夜以继日，埋头苦干。时间过去了15天，进展缓慢。

在月度分析会上，产品设计组挨了批评。会后，研发小组的同事私底下问了具体情况，研发同事只用了半天时间，就成功提出了解决方案。

随后，H部门总经理和HRBP主动向企业文化部寻求"文化资源支持"，他们觉得，虽然解决了一个独立的客诉问题，但背后是部门小组间协同合作出了问题，说明"部门墙"开始增厚了，存在隐形的经营风险。希望组织一次"协同工作坊"，给大家的思想松松土，通过掌握公司"协同协作"文化理念在部门工作场景中的应用方法，输出"协同协作"的"三要""三不要"行为准则，让大家开放心态做好内部协同，以更高效地服务客户，提升部门绩效。

这个"协同工作坊"就是一个典型的"沙盘团建"，通过模拟工作中的场景来发现问题、诊断问题、解决问题，目的就是打胜仗。

当局者迷，旁观者清，对中层赋能往往需要外部力量的介入，综合多场"沙盘团建"的经验，我将之总结成一个"基于问题解决的工作坊流程"，见图 3-1。

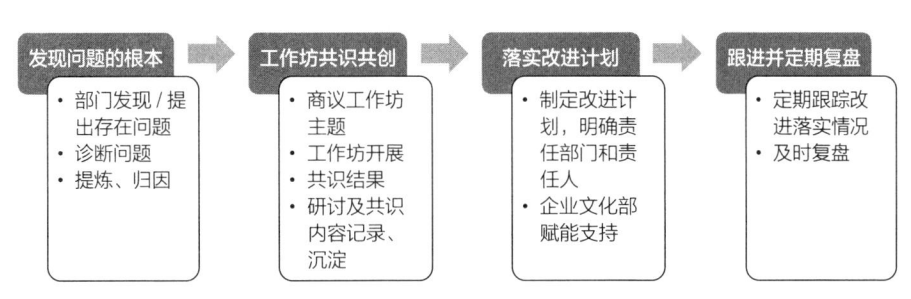

图 3-1 基于问题解决的工作坊流程

发现问题的根本 → 工作坊共识共创 → 落实改进计划 → 跟进并定期复盘

- 部门发现/提出存在问题
- 诊断问题
- 提炼、归因

- 商议工作坊主题
- 工作坊开展
- 共识结果
- 研讨及共识内容记录、沉淀

- 制定改进计划，明确责任部门和责任人
- 企业文化部赋能支持

- 定期跟踪改进落实情况
- 及时复盘

针对部门存在的问题，结构化的"沙盘团建"流程如下。

第一步：发现问题的根本。

1）根据中层管理者掌握的情况，收集部门存在的问题，准备一份有业务场景的问题清单。

2）确定什么问题需要解决，哪些问题是关键杠杆问题，形成一个初步诊断。

3）结合初步诊断、数据、经验和潜在问题，进行提炼并归因，直至找到问题的根本。

第二步：工作坊共识共创。

1）企业文化部和部门一起商议工作坊的"沙盘团建"主题，明确参会人员、工作坊议程、要研讨的内容、研讨的目标、产出的成果以及后续的计划等。

2）说明本次工作坊的背景，再针对根本问题进行讲解和赋能（由企业文化部调集专家进行针对性赋能），展开分组研讨。

3）通过带领大家研讨，不断细化解决问题的方案，分组分享共识的结果，并输出后续改进计划。

4）对工作坊的研讨及共识内容进行记录，做好知识沉淀。

第三步：落实改进计划。

1）形成一致性的解决方案，制订解决问题的改进计划，要落实到责任部门和责任人。

2）企业文化部持续提供支持和赋能。

第四步：跟进并定期复盘。

1）定期跟踪改进落实情况，呈现结果和行动。

2）及时复盘总结，对整个问题解决过程进行知识沉淀。

"用"文化，赋"胜"能，在助力中层管理者解决一个又一个难题的过程中，部门打下一场又一场"胜仗"，这就是"沙盘团建"的意义和价值所在。

3. 对基层管理者赋"才"能，多做"成长团建"

例4 我太难了，到底该怎么做？

"你这工作计划才改了5稿，这算什么，我上次汇报的年度计划做了37稿。"

"我们的目标是让任何人都挑不出毛病。"

"做的过程中，有事随时来找我。"

……

这是I小组组长经常挂在嘴边的话术。

其实这是一家将"创新"作为文化理念的公司。该公司对"创新"的释义是：积极营造创新的氛围，包容试错。文化理念要求的行为内容和基层管理者的做法大相径庭，导致员工很迷糊：我太难了，到底该怎么做？

跟着直属上司的要求做，那岂不还是回到了"计划管理"和"零缺陷管理"模式，在追求所谓"完美"的道路上，工作效率一降再降。而如果不按照直属上司的要求做，根据文化的要求来做，KPI又不是企业文化部跟我签订的，直属上司在年中、年底打分时，一定不会给高分。员工陷入了两难的尴尬境地。

对于基层管理者来说，文化是要"拿结果"的，执行就是把计划和任务变成业绩。上面的案例中，基层管理者自身就没有理解透彻"创新"的意义，更别提在实际工作场景中进行融入和应用。但也要理解，基层管理者是很难"放手"的一个群体，比如有时候看到"拉长训话"透着严厉与苛责，是因为他们肩负着准时交付的责任，精神高度紧张，在生产一线看到有点偏离计划的苗头，就会因紧张而情绪失控。

所以，对基层管理者赋能，要赋"才"能，即让基层管理者对文化理念有更深的认知，千方百计提升他们的能力，将文化理念"翻译"成员工的日常动作，教导员工正确高效地执行工作任务，拿到结果，画上句号。

提升了能力，在现场管控的时候，自然也就有了"松弛感"。

在具体的方法论和工具上，可以用"知行工作坊"，因其直接作用于基层管理者和一线员工，可以称之为"成长团建"。通过辅导，I小组组长自己做出了调整，他召集全体组员一起使用知行工作坊，具体流程如下：

第一步：先简要地说明公司的"创新"文化对部门的要求，讲清楚客户的交付要求，交代清楚工作坊的背景和目的。

第二步：提供一个流程改进讨论稿。流程改进是基于现场观察，经过分析和经验得出，初步提出改进方案。当然，这只是讨论稿，需要大家群策群力，继续共创。

第三步：大家分组讨论流程，用时一小时。

第四步：每组上来分享讨论的结果，其他组可以质询，分享组进行答疑。在这个过程中，创新的想法层出不穷，有些好的做法，连组长都称赞。

第五步：制定流程定稿的总责任人，由他来统稿，输出大家认同的试行版流程。

第六步：试行过程中持续迭代改进，形成相对固定的标准化流程，进入下一个PDCA循环，不断改进。

不断创新，经过一段时间的实践，I小组组长感觉轻松多了，现场的工作效率更高了。

该案例给我们的启示是：基层管理者是"文化行为准则"的捍卫者，为他们赋能，就要聚焦他们具体的业务场景和能力短板，直面实际应用，学会工具和方法，在实践中"用"文化并教导员工养成正确做事的习惯，每一项工作任务都圆满完成。

相对来说，为基层管理者赋能是最有成就感的，因为赋能成果看得见、摸得着，能起到立竿见影的效果。

小结

作为干部，践行文化不是高谈阔论，而是以身作则，言行一致，行胜于言，用行为表现理念，让在事上观察干部的员工能"照做、执行、拿结果"。

本节内容，可以用一张表来做小结：

表 3-1 干部赋能流程

给谁赋能	赋能目的	赋什么能	赋能形式	赋能工具
高层管理者	一条心	心能	思想团建	高管共识会
中层管理者	打胜仗	胜能	沙盘团建	基于问题解决的工作坊
基层管理者	拿结果	才能	成长团建	知行工作坊

第二节　干部"讲"文化，随时随地随事

在文化大使由谁担任时讲过，干部天然就是文化大使，对他们实行自然委任制，无须选拔。为此，干部作为"决定的因素"，是行走的文化播种机，除了发挥普通文化大使的渗透作用之外，更重要的是发挥职位所赋予的文化领导力作用。

但本节的"讲文化"，不是专指"讲授企业文化培训课程"，而是泛指干部要在工作场景中多讲文化语言——包括但不限于文化理念原文、自己对文化理念的理解、承载了文化理念的故事或案例、企业倡导的文化行为，等等。

1. 开会时：给会议加点"文化料"

对于干部来说，一年之中最多的工作场景可能就是会议了。作为业务发展与组织建设的带领者，干部既要通过会议进行业务信息分享，上情下传，下情上传，也要通过会议开展具体的管理工作。

"怎么开会呢？"你可能会嘲笑我怎么会问这么幼稚的问题，毕竟很多企业，一年成百上千的会议，很正常。甚至可以说，干部每天的主要工作就是"开会"。

但并不是说一直重复做的事，就一定是做得对、做得好的事。

是否有提升会议效率的空间呢？举个例子。

例5 业务分析会里加入了"自我批判"价值观

J公司是行业的"头部",两年前,因为战略选择上的一次错误,在甲产品上丢掉了领先的位置。近日,公司打算召开业务分析会。

根据J公司的惯例,会议议程就是与会人员轮流上台汇报PPT,内容三段论——做了什么,有什么亮点和暗点,接下来怎么做。

因这次会议邀请了企业文化部参加,在做预备作业时,问我这个企业文化顾问有什么建议。

我也没客气,直接说这个会议要达到理想的效果,最好叠加公司的"自我批判"价值观。会议策划的主要变动项如下:

1）会议主题：业务分析会→对战略的自我批判会。

2）自我批判顺序：总经理最后做总结发言→由2年前战略决策最终拍板的总经理首先发言。

3）PPT准备内容：做了什么+有什么亮点和暗点+接下来怎么做→自我批判（没有做到领先,我的责任是什么？我的问题是什么？我是怎么想的？）+肯定他人（内部协同过程中谁在哪三个方面做得好？外部竞争对手领先的主要制胜点是哪三点？）+改进方案（后续我应该怎么做？工作思路是怎样的？具体方案是什么？）

企业文化部向会议组织部门反馈了这三点,可能是因为丢掉领先位置有切肤之痛,便采纳了建议。

会议开得很坦诚,让人意想不到的是,大多数干部都觉得甲产品具备领先能力,只是当时的决策让人感觉公司要在乙产品上发力,从而错过了甲产品的领先窗口期。

每个企业每天都会召开大大小小的会议,会议作为企业经营管理过程中重要的沟通交流平台,完全可以成为企业文化落地的重要工具。

像上述案例中呈现的那样，直接用"自我批判"的价值观来开会，达成和以往业务分析会完全不同的效果，有效地强化了面对面直接沟通的效率。敏锐的读者可能已经发现了，这场会议说明 J 公司出现了新的问题，可能需要在文化理念上达成共识甚至迭代，但那是另外的话题了。

业务分析会是给会议加点"文化料"的一个应用场景，在企业中，还可以在多种会议中以不同的形式加点"文化料"。下面再列一些常用的"加料场景"。

1）外部的会，比如经销商大会、投资者交流会、供应商大会、校园宣讲会等是干部宣传企业使命、增强企业影响力的绝佳场景。在这样的会议上，重点展示企业良好社会形象、企业成立的初心、实现企业梦想时的美好景象。为此，要把企业崇高目标深深地植入企业 DNA 中，通过讲述三个故事——我是谁（企业家初心），我们是谁（企业使命），我们要去哪里（企业愿景），建立受众对企业的良好印象和合作信心。

2）内部的会，比如日常的早会、夕会、总结会、周会、月会、半年会、年会等是干部"用"文化理念和价值观做示范、做反馈、做决策、冲突处理和矛盾调解的绝佳场景。在这样的会议上，都是干部在以身作则"用"文化，他本人就是会上的"价值判断器"，用行动告诉与会人员，如何根据公司的目标和核心价值观行事，什么行为是倡导的，什么行为是反对的，应该怎么做是正确的，等等。每一个决定，看起来是短时间内做出的，而背后的支撑是干部深厚的知识体系、经验体系、文化体系和价值观体系。通过干部的行为表现，让员工体会到、学习到、自觉做到。员工要善于分析干部的这些体系，而不是揣摩干部的意思。只有懂得干部的体系逻辑，才能让自己学到本事，不断成长。

在企业各层各类会议中加入"文化料"，可以有很多的应用场景，在此不一一列明，企业可以根据实际情况，自行探索并解锁多种"加料"方法和工具。

总的来说，会议既是工作沟通交流的平台，也是干部做好文化践行示范、增强文化领导力的具体场景，通过在公司各层各类会议上加"文化料"，让企业倡导的文化理念和文化行为经过重复强化走进员工的心里，实现企业文化的内化并落实到具体的行为上，不断提升文化领导力。

2.反馈时：表扬"上价值"，批评"讲损失"

工作做得怎么样，员工的表现如何，干部要给出反馈。反馈过程是干部"讲"文化的高频场景。

反馈的方式大多就是"表扬"和"批评"两种。

在"表扬"时，一定要"用"文化理念和"说"文化语言。什么意思？就是要在"上价值"的环节，"用文化理念原文"或"文化理念阐释"来上价值。这样，才能让你表扬过的画面经常出现。

具体怎么表扬呢？见图3-2。

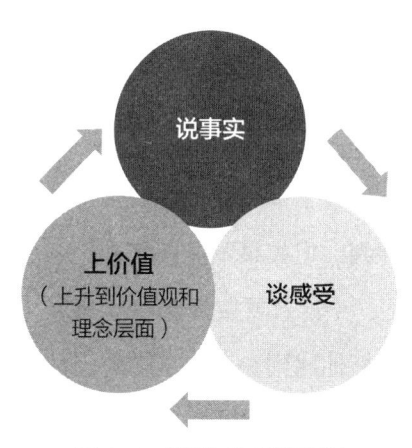

图3-2 "好"表扬的流程

因为"表扬"很常用，客户反馈表扬方法"很有用""很有效果"，特详细分解一下流程。

1）及时表扬员工（注意：重点是"及时"）。

2）说事实，告诉被表扬员工做对了什么，对在哪里（注意：要说事实，而且要说得具体）。

3）谈感受，告诉被表扬员工他把这件事情做对之后，你感到多么高兴，对整个团队和其他同事有多么大的帮助。

4）沉默几秒，让被表扬员工静静地体会做对事带来的喜悦。

5）上价值，鼓励被表扬员工以后继续努力（注意：要上升到公司的"价值观"和"文化理念"层面，实在不擅长表达，照着手册读原文都可以）。

6）明确说明你对他和全体员工有信心，并支持大家都获得成功。

因为表扬多在公开场合进行，为此，"上价值"部分不是说给被表扬员工一个人听的，而是说给全体在场人员听的，一次表扬，就是一次文化理念的宣导过程，干部要熟练掌握。

反馈还有一种重要方式叫"批评"，"批评"也要"上价值"吗？

其实很多干部是这么做的，"批评"的时候因为生气、愤怒而口不择言"上价值"，比如"你每次都这样不负责任""你一直都是敷衍了事""跟你说了多少回了，长点心，不要给我挖坑"……有的甚至直接"爆粗口"。如果这种"打骂文化"能被干部和被批评员工接受，那没关系，不是什么事儿，也不用做道德评判。但如果不能被接受，或用沉默表示抗议，且没有在行为上改变，那么，干部就要换个思路。

员工工作没做好，把他叫到一个独立空间，私底下对他进行批评是很有必要的，一方面为了减少企业的损失，另一个方面是助力员工成长。

下面，详细分解一下"批评"流程（见图3-3）。

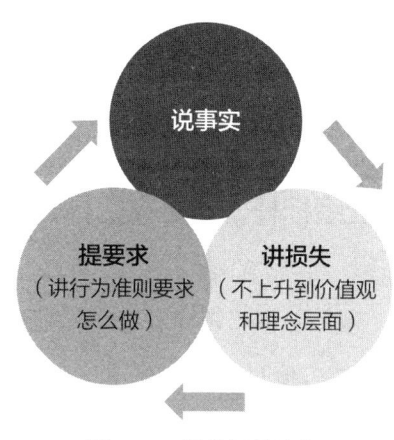

图3-3 做批评的流程

1）错误发生后立刻进行更正（注意：重点是"立刻"）。

2）说事实，确认既有事实，分析错在哪里（注意：要说事实，且要说得非常具体）。

3）讲损失，告诉被批评员工这件事带给企业和团队的损失，也告诉他这件事带给你的感受（注意：讲损失，讲损失，讲损失，重要的事情说三遍，千万不要上升到公司的"价值观"和"文化理念"层面）。

4）沉默几秒，让被批评员工审视所犯的错误。

5）提要求，对被批评员工提出明确的改进要求，说明你的检验标准（注意：要求可以是文化理念或价值观对应的行为准则，检验标准可以根据SMART原则具体化）。

6）告诉被批评员工，他的实际能力应该比这次表现出来的更强，你对他有信心，仍然信任他。

7）更正过后，整件事就过去了（注意：不要"翻旧账""炒冷饭"）。

反馈的过程，本身就是给员工赋能、促进他们成长的过程，干部通过在具体的工作场景中对做得好的员工进行表扬、对没做好的员工进行批评，将企业文化理念、内涵及自己对文化理念的理解，准确传递给员工，教会员工在企业中正确地做事。

3. 庆功时：既是业绩标杆，也是文化标杆

杰克·韦尔奇在《赢》中讲"领导者应该做些什么"时列出了八条，其中第八条是"学会庆祝"，他写道："庆祝能让人们有胜利者的感觉，并且营造出一种有认同感、充满积极活力的氛围。"

可见，庆功也是干部增强领导力的重要场景。可能一说"庆功"，很多人脑海中是大场面，隆重的表彰仪式。

企业每年都会安排一两次这样的庆功会，场面隆重而有仪式感，充分表达了对打下胜仗的团队或个人的尊重和精神奖励。这样的庆功会，不仅让全员见证了榜样或标杆的产生，也能通过获奖缘由清楚明白地知道应该怎么做才能向标杆看齐，才能超越榜样。

而干部要产生领导力的场景不止于表彰仪式的大场面，还有大量可以随时随地举行的小场景，比如收到客户的感谢信和表扬视频、撰写的方案通过了、在竞技类活动中获胜了、编写的稿件传播量破纪录了……事情一发生，马上就庆祝。

庆祝的方式也不用很正式，点杯咖啡，喝个下午茶，看场热映电影，工作群内发个庆祝海报，甚至干部桌子上有啥就可以分享啥，重要的不是具体以什么形式庆祝，而是随时随地营造出团结一致打胜仗的良好氛围，这种氛围让人在工作中能充分体验到"赢"的快感和成就感。

无论哪一种庆功方式，庆功一定要有理由，这个理由就是对文化理念的实际应用。

例6　大客户发来了感谢信和表扬视频

K部门收到了一封来自大客户的感谢信，还有一个大客户主动录制的表扬视频。K部门全员上下都很兴奋，马上安排了丰盛的下午茶进行庆功。在庆功时，K部门总经理当着所有人的面说明，因为"用"了"客户第一"的文化理念，在客户提出一个前所未有的交期要求的情况下，大家齐心协力，克服困难，提前一天高效完成了交付，助力客户的市场占有率从第三跃升至第一。

庆功是一个及时树立正面典型的"用"文化场景，跟表扬一样，也要及时进行。因为年底的大型庆功表彰会召开时，当事人已经过了那个"兴奋劲"，这对于干部及时在工作场景中传播和引导正面典型行为是不利的。为此，一定要抓住庆功的时间窗口，及时庆祝，让人在很"嗨"的状态下接受文化的影响和洗礼。

小结

干部要形成文化领导力，就要在具体的工作场景中随时随地随事"讲"文化。在各类会议上、在辅导反馈时、在庆功时，干部脑海中都要绷紧"文化"这根弦，多用文化理念进行诠释与分享，多用文化语言来评价员工表现，多在文化行为上作出示范。

世上本没有路，走的人多了，也便成了路。企业本没有共同文化语言，干部讲得多了，也就成了全体员工的共同文化语言。

第三节　干部"用"文化，成就人，成就事

文化和业务密不可分。

首先，文化来自业务。企业文化产生的根源是业务实践活动，无论什么文化，都是在解决实际业务问题的过程中总结出来的经验、理念和价值观。其次，文化服务业务。文化以满足业务的实际需求为出发点和落脚点，将企业的使命、愿景、价值观落地到业务中。文化不代替业务部门做业务，但要贴近业务，参与业务洞察，定义业务策略和关键任务，并将之转化为文化管理过程。最后，业务促进文化的创新和发展。文化不是一成不变的，在解决业务实际问题的过程中，要不断探索总结提炼，促进文化的创新和发展。

说得通俗一点，文化是做业务的初心和方式，而业务是文化的呈现和结果。为此，文化和业务不能做成"两张皮"，如果割裂开来，文化将流于形式。文化是拿来"用"的，不能"用"的文化，都可以删除。

全食超市创始人约翰·麦基在《伟大企业的四个关键原则》中指出，良心领导者要做的四件事：带来正面的改变、嵌入共同的目的、帮助人们成长和进步、做出艰难的道德选择。干部"用文化"，做的恰是这四件事。

1. 干部要无缝对接文化语言和业务语言

企业中，其实有两套共同的语言体系：一套就是我们一直在强调的企业文化理念、价值观、行为准则，这是一套意识流层面的文化语言体系；还有一套就是我们的业务运作法则，通俗地说，就是知道"具体到这个业务场景，这件事应该怎么办"，这是一套实实在在作用于生产经营的业务语言体系。

这么说可能不太好理解，举个例子。

文化语言：客户第一，员工第二，顾客至上。

业务语言：当我与你们谈话时，你的手机响了，你的员工找你，我们就停止谈话，优先处理你和你员工的事宜。当你和员工谈话时，顾客需要帮助，你们首先要做的是立即帮助顾客。

作为干部，要"用"好文化，首先应同时掌握这两套语言体系，并能随时进行"翻译"，既能将文化理念快速转化为业务场景下的具体做法，也能将业务过程中的行为表现快速归纳总结上升到文化理念层面，实现文化语言体系和业务语言体系的无缝对接。

例7 "客户第一"也要体现在投标文件中

L 公司接到了大客户的招标文件后，非常重视，马上组织团队制作投标文件。团队很努力，加班加点，3 天就做出了厚达 120 页的投标书。

当投标书提交给负责销售的 VP 审核时，VP 问："咱们公司的价值观第一条是什么？"

"客户第一。"

"整本投标书中，哪些地方是体现了'客户第一'的？我甚至都没看到跟客户相关的任何场景，现场照片有吗？我们跟客户发生连接的细节体现在哪里？我们服务客户的专业度又体现在哪里？这么多竞争对手，凭什么让客户选择我们？"

上例中，VP指导的核心就是要求标书制作人把"客户第一"的文化语言转化为"体现客户第一的场景及具体做法"，只有跟客户的实际应用场景进行连接，才能让客户感知到L公司的专业度和"客户第一"文化理念。由此可见，文化和业务一体两面，密不可分，这两套语言体系你中有我，我中有你，并不矛盾。

在实际运用中，要避免两种情况：一种是把文化看得太高，觉得文化是高高在上的阳春白雪，而业务是埋头拉车沾着两腿泥；另一种是把文化看得太低，觉得文化是次于业务的，文化就是做好服务、搞好活动、发好福利。

正确的做法是，我们既要仰望星空讲理念、谈理想，也要脚踏实地做业务打胜仗，文化和业务是"一张皮"，不能割裂。

2."用文化"，改变认知助成长

沙因说："文化在解决实际问题中形成，而非通过宣传册。"可见，文化来源于解决实际问题。

企业中的问题，每天都层出不穷。通常我们所说的问题，其实可以分为"技术性问题"和"认知性问题"两类。

"技术性问题"主要跟"事"有关，一般情况下有明确的答案或解决方案。即便是复杂一点的问题，也可以通过逻辑推理或应用已有知识找到解决方案，且解决问题的路径和方法都相对明确。

"认知性问题"则不同，主要跟"人"有关。人其实是最大的变量，认知性问题涉及价值观念、行为导向、协同意愿、沟通效率等"冰山下"的概念和变量，往往没有现成的答案，须经一系列认知操作来解决，即先改变认知，再明确解决方案，解决方案是根据认知得出的。而且，每个人可能给出不同的解决方案。认知性问题如果得不到妥善解决，还会有次生问题出现。

为此，对于业务上出现的问题，首先要进行归类。对于技术性问题，已经知道怎么做，只需要正确去做就行了。而对于认知性问题，就需要干部"用文化"，先将业务场景中出现的问题进行升维思考，找到问题背后的认知错误，然后，帮助员工打破认知边界，重新审视问题，继而用新的认知给出新的解决方案。

例8 对"周末加班"的态度变了

M部门是后台处理部门，最近被投诉，起因是业务部门周末找M部门审核盖章，找不到人，文件流转卡在M部门，耽误了后面的进程，导致客户流失。

M部门觉得很委屈，周末本来就不用上班，前面几次都是自己好心放弃了周末来配合业务部门，这次实在是家里有事走不开。业务部门不感谢自己也就罢了，怎么还能投诉呢？

M部门办事人员还质问业务部门人员"上班时间怎么不来处理"，业务部门顿时有了情绪，说海外客户有时差，他们已经"白加黑"地工作了，前线"需要炮火"，后方"不给炮火"，客户流失算谁的。

M部门领导召集全员一起想办法，给出一个解决方案。

在引导环节，部门领导首先把"周末加班"这件事翻译成了文化语言"组织协同"，接着阐释"组织协同是端到端流程的协同"，问大家"端到端"是从哪一端到哪一端？

有人回答，根据流程的节点，从业务部门端到 M 部门端。

"这就是产生投诉问题的根本原因所在，流程节点之间的协同是从段到段，客户到业务部门是一段，业务部门到咱们部门是一段，这是段到段，所以在我们的认知中就是各管一段。"领导继续分析，"而端到端，是从客户提出需求端到满足客户需求端。公司的核心价值观第一条就是客户第一，只要客户有需求，周末就是全天候待命，咱们也得协同。大家如果周末都没有时间，那就通知我，周末我来公司跟客户。"

一番话说完，大家纷纷举手，主动要求周末排班为业务部门服务。

不是段到段的协同，而是端到端的协同。认知一变，行为就变，M 部门员工经过半小时的讨论，就达成共识并制定了解决方案。

同一件事，提高一个站位，就能看到不一样的内容。例 8 中，员工本来觉得是"周末被业务部门逼迫加班"，提交审核为啥非要等到周末，M 部门对业务部门有埋怨。换了认知后，就多了一份理解，客户跟我们有时差，业务部门也很不容易，白天在公司上班，晚上客户上班的时候他们也要及时响应客户需求，这哪是"周末加班"，分明是"周末主动和业务部门协同，为客户创造价值"。一旦赋予了做事的价值和意义，做事的态度就不一样了，做事的方法也不一样了。

人的成长，主要是认知的成长。干部"用文化"的主要目的，就是通过不断突破团队和员工的认知边界，升级团队和员工的认知水平，带领团队和员工不断成长，实现更大的发展，取得更大的成就。

作为干部，每天要处理很多问题，对于认知性问题，要像 M 部门领导一样，冷静思考与分析，快速分清文化语言和业务语言，激发和激励团队主动改变认知，做出积极的变化，这就是文化领导力作用的结果。

3. "用文化"，落实行动打胜仗

最好的领导力，是不断打胜仗，把不可能变成可能。

德鲁克说："没有盈余会严重地损害真正的生产资源，即人的组织，损害他的精神、他的贡献、他的士气、他的管理人员的自信心以及他对企业的认同感。"

有了盈余，才有文化。文化中的理念、精神、价值观都是企业发展过程中一场又一场胜仗的经验总结和提炼升华。

干部"用文化"的核心目的是将这些从胜仗中沉淀的理念落实到未来的行动，将思想力转化为执行力和战斗力，持续打胜仗。文化用了才有用，核心要义就在此。

例9 客户因"敏捷高效的履约能力"主动找上了门

N公司是工程建设单位，文化手册中有这么一条：敏捷高效的履约能力是公司倾力打造的核心竞争力。

总经理的工作作风是"严、细、实"，口头禅是"真抓实干，马上就办"，他将"敏捷高效的履约能力"细化为"五要""五不要"行为准则，并进一步细化为打造敏捷高效的履约能力的数十张管理表格。

开始施行的时候，中层干部怨声载道，很不适应，背后抱怨：不是在填表格，就是在准备填表格的资料。尤其是一线的项目经理，觉得这简直是让本就焦头烂额的工作雪上加霜。

顶住压力坚持一年后，有客户主动找上了门。交流中有人问：这么多工程建设单位，怎么唯独选中了我们？原来是另外好几家业主单位推荐来的，推荐理由出奇一致：N公司的履约能力非常强，把十几年前遗留的"项目尾巴"都梳理得清清楚楚，大家都觉得那是"烫手山芋"，唯恐避之不及，只有N公司迎难而上，主动履约，宁愿牺牲一部分当年的业绩，也要树立"诚信""履约能力强"的市场形象。

客户最后反问：你们公司的履约文化好，不选你们选谁？

对于干部来说，文化是拿来"用"的，而且要"有用"，助力业务打胜仗。

现实中有很多干部不"用文化"，是认为企业文化属于意识流的范畴，是"虚"的。对于这部分干部来说，文化说起来重要、做起来次要、忙起来可以不要。

事实是，文化理念是"定海神针"，干部要围绕理念要求展开并细化具体的落地行为，例9中，"五要""五不要"行为准则和数十张表格，指向的都是"敏捷高效的履约能力"的构建和呈现。通过中层干部一年多的刚性执行，最终在市场打下胜仗。

由此可见，干部"用文化"持续打胜仗的逻辑是：明确要打的仗（如要实现的战略、愿景或需构建的核心竞争力等）→列出"打胜仗"的思路、关键要素、实施路径和具体的行动计划→执行、执行、执行→千方百计、团结一心打胜仗→带领团队成长，扩充文化内涵→打更多的胜仗。

小结

文化和业务的关系是一体两面，不可分割，相互促进。干部要熟练掌握公司的文化和业务两套语言体系，并能即时进行"互译"。

文化用了才有用。在企业里，如果希望全体员工都认同公司的使命、愿景、价值观和文化理念，那就不能只是空谈理念文本，干部应该把文化真正"用起来"，通过"用文化"成就人、成就事。在团队和员工遇到"认知性"问题的时候,干部要"用文化"改变他们的认知,帮助他们成长;在"领军打仗"的过程中,干部要"用文化"落实行动,以身作则,把理念转化为切切实实、脚踏实地的行为,将思想力转化为执行力和战斗力,团结一心持续打胜仗,成就伟大事业。

第四章

文化规范力：
将文化理念转化为行为标准

第四章 文化规范力：将文化理念转化为行为标准

实现了全员渗透的"传文化"和干部先行的"用文化"之后，文化的落地工作也要从软性走向硬性，进入"制度执行"阶段。

根据法约尔的理论，管理有计划、组织、指挥、协调、控制五大职能。而文化作为一个管理工具，自然离不开正式控制手段的协助。在企业中，能对全员产生规范力和约束力的，非制度和流程莫属。

现实中，大量的企业文化落地实践也证明：文化只有和制度结合起来，才能将文化理念转化为现实结果，才能让文化不再是"虚"的状态，而是真正影响员工行为进而产生成效。

制度管理有其他管理方式无可比拟的优点：

1）作用范围广。对企业内的全体成员都有效，管理效率高。

2）标准化、规范性。制度的本质是规范和标准，它是让全体员工遵照执行并在有偏差时进行行为校准的标准，可以做什么、不可以做什么、可以怎么做、不可以怎么做，都有明确的规定，有效减少了人为随意性和不确定性，能提高工作效率，保证工作质量。

3）强制约束力。制度发布后，在一定范围内有强制约束力，必须遵守。同时，制度明确了不能怎么做，违背就会受到惩罚。

正是基于制度的以上属性，才让制度成为文化理念转化为行为标准的关键抓手。当然，制度也有其局限性。一是有滞后性，明明已经不适用了，但新的制度出台需要时间，导致无法根据环境的变化快速迭代。二是制定和发布的周期比较长，一般企业修订一个制度，短则一两个月，长则半年以上。三是制度太多，条目事无巨细，员工根本不会认真看，只知道跟自己相关的几条。甚至有些制度之间，标准不一，规范冲突，让员工在执行时无所适从。

为此，为了保障文化的规范力，应尽量避免"撒胡椒面"，不用面面俱到，要抓住重点。

企业实践中，重要抓手主要有三个：

1）文化和制度，一个软，一个硬，要保持动态平衡与两相适配。

2）把价值观化为日常行为准则，成为评价和考核的标准。

3）文化在人力资源制度中的体现和应用，还是要把文化真正"用起来"，招聘时以文识人，培训过程中以文育人，设计激励机制时以文励人。

把牢三个抓手，也就实现了通过制度形成文化规范力的三部曲：内化于心、外化于行、固化于制。

第一节　文化和制度，软硬的平衡与适配

文化和制度作为管理工具，都是能产生管理效果的，具体如何适配，既有科学的成分，也有直觉的成分。为了避免制度与文化冲突，需要进行制度和文化的适配，具体要在两个维度上进行适配。

一是在重视程度上的适配。有的企业重文化，有的企业重制度，不能一刀切，要根据企业的发展阶段和发展过程中的关键事件进行动态调整，以达到最优平衡状态，提升管理效率，共同助力企业的持续发展。

二是在表述上的适配。制度在设计和制定时，就要用文化理念进行指导，保持制度和文化在表述上的适配，保证两者的一致性。对于已经发布的制度，要定期审视制度中导向性和原则性的内容，不一致的地方要根据文化理念进行调整，使制度与文化的表述相匹配。

1. 制度与文化要保持动态平衡

文化和制度，一个软，一个硬，企业要根据自身发展阶段和触发事件来决定如何调整各自的实施力度和强度，不能一成不变，要保持动态平衡。

打个比方，文化是水，制度是面粉，企业不同发展阶段需要不同软硬度的面团。如何保持动态平衡？在揉面的过程中，如果水放多了，面团太软，那就加点面粉；如果面粉放多了，面团太硬，那就加点水。

对于文化和制度的重视程度，在现实中，有以下两个极端。

（1）文化远重于制度

有的企业家高度重视文化，不重视建章立制，觉得一起打拼过来的兄弟姐妹跟着自己，人格魅力和文化特质起主要作用，没有完善、健全的制度照样活得很好。

例1　老板的反思："是不是该重视制度建设了？"

O公司老板很有文化领导力，在企业刚成立时，就把愿景和价值观贴在墙上，但一直不是很重视制度建设，觉得有一些主要的流程和制度能保证公司基础运转即可。

在企业初创期，老板一声号令，大家齐心协力，一门心思向前冲；到了快速发展期，也没有问题，因为有上市的钟等着敲，大家拧成一股绳，夜以继日，没日没夜地干而毫无怨言；终于上市了，企业有钱了，员工富了，梦想也更大了，于是，提升人才基数，大量招人；人数到了一定的冗余量，有人躺平了，主动加班的人也少了，人效明显下降，业绩和利润开始走下坡路，一些优秀的人才也流失了⋯⋯

在年度复盘会上，老板率先"自我批判"："人心散了，队伍不好带，公司出了这么多问题，部分原因是我一直以来都太重视文化而轻视制度，公司是不是该重视制度建设了？"

为什么O公司的问题集中在快速增长期之后爆发？其实，问题在快速增长期已经存在，只是快速增长让全员达到了一种特别亢奋的状态，在兴奋的情绪下，难以察觉到问题。一旦平静下来，问题就充分暴露了。

O公司出现系列问题，说明水加多了，面粉太少，文化的软性力量已经不足以支撑企业成长期和成熟期的发展需要，应该加大制度的硬性力量。

（2）制度远重于文化

有的企业家高度重视制度，其他管理制度都制定并发布了，才想起应该顺便梳理一下文化。

例2　老板的反思："我们好像搞反了。"

P公司转型变革的决心和力度都很大，先找了咨询公司梳理制度，用一年时间完成了制度梳理、设计与发布工作，所有的制度摞在一起高达1米。

制度发布后，P公司邀请我去做文化项目，对整个文化体系进行升级。提炼萃取过程中，有大量的研讨会，参与讨论的干部惊讶地发现已经发布的制度中有些条款和大家讨论出来的文化理念有冲突，有的甚至是相悖的。比如，文化理念是长期主义，但在绩效考核制度中，关键业务指标三个月一考核，是典型的短期主义。为此，为了保证制度和文化的一致性，要么改理念，要么改制度，无论哪个过程都曲折复杂，导致效率下降。

多次参与讨论的老板不由感慨："应该先做文化项目，再做制度项目，我们好像搞反了。"

P公司处于企业发展阶段的成熟期，一直以来都非常重视制度建设，经年累月，制度类目和条款越做越多，制度手册越来越厚。但企业资源和精力有限，忽略了文化的迭代更新，导致很多事情没有真正想清楚，尤其是对企业未来的思考偏少。

制度文本虽厚，但员工并没有真正在用，大多是根据惯例和师傅传承来做事。P公司的情况就属于面粉加多了，水太少，导致面团发硬发干，组织的活力与灵活性都受到了限制。

以上两种属于极端情况，但在企业中并不少见。为了避免这两种情况，实现动态平衡，具体可以通过以下两种方法来操作。

一方面，企业可以采用评价类指标来测定到底应该加"水"还是应该加"面粉"还是两者都要加。比如，可以通过员工满意度调查，了解企业在与员工息息相关的招聘、培训、薪酬、绩效、激励、沟通、协同、员工关怀等维度上的表现，以此来做出和企业当前实际情况的适配。

另一方面，企业可以通过关键触发事件来决定应该加"水"还是应该加"面粉"还是两者都要加。比如，出了一次质量事件，遭遇了退货，质量相关人员很紧张，召集会议很快就想出了解决方案。但这件事给公司敲响了警钟，开始讨论质量事件背后的根本原因，明确是质量管理的理念需要"打补丁"，同时，要"亡羊补牢"，构建一个防范质量问题的长效制度。这就是既加"水"，又加"面粉"。

2. 制度要与文化理念适配

使命是初心，愿景是方向，价值观是原则。没有文化，公司就没有方向和目标。制度是规范，是标准。没有制度，公司无从管理，好的制度是实现目标的基础。文化与制度的有效连接是确保文化真正落地的关键。

（1）文化理念是制度设计与制定的原则和导向

文化先于制度。从企业成立的那一刻开始，文化就有了。但制度不是，老板一个人现场管理就能完成的阶段，建立基础的协作规则即可，制度处于萌芽状态。

一旦开始设计和制定制度，就要开始思考制度和文化的融合。尤其是跟人有关的制度，比如招聘、培训、考核和晋升制度，要跟着文化理念的导向走。比如，《奈飞文化手册》规定"只留成年人"，在人才制度中则有"高自由度与高责任绑定，淘汰不自律员工"的表述和体现。只有这样，才能确保员工的行为与文化理念相一致，而不是相悖。

（2）制度是文化理念的载体和保障

制度是否体现了文化理念，需要进行适配度评估。在企业文化理念体系正式发布后，企业文化主责部门要和制度制定责任部门一起，审视企业的各项规章制度是否和文化理念适配，是否存在冲突的地方（见图4-1）。如果有，就要看哪个表述更正确、更精准。比如，微软从2014年起每年开展"文化合规评估"，通过员工调研验证制度是否偏离"成长型思维"文化，已累计修正57项流程。

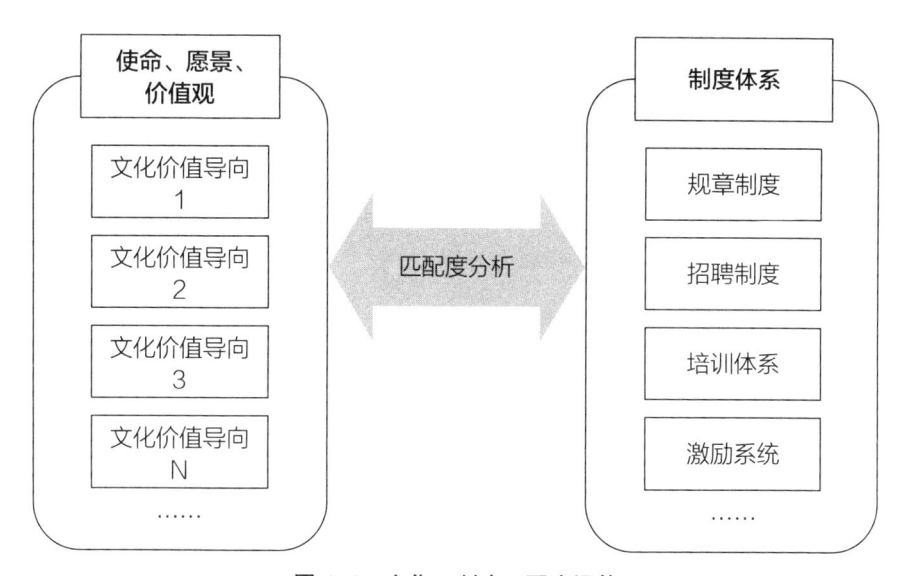

图 4-1　文化 – 制度匹配度评估

文化要与企业的政策、规则、流程、制度相容，不能相悖，要是文化的要求是这样的，但制度和流程又是那样规定的，员工不知道到底该听谁的，就会造成管理上的混乱。

（3）制度和文化，都要在业务中去检验有效性

文化理念和制度保持适配还不够，最终是要和业务实际运行适配。

有的企业既有企业文化体系，也有完善的制度体系，但业务实际运行时，既不听文化的，也不执行制度，遵从的是企业中的"潜规则"或"暗法则"。这样的企业，必然是说一套，写一套，做的又是另外一套。

为此，在制度设计时，还要注意与实际业务的适配。比如，在设计绩效考核制度时，要做到三个"一致"：一是上级和下级的绩效考核维度方向一致，二是组织管理和组织架构保持一致，三是公司重要的战略控制点和绩效考核的占比权重保持一致。

例3 Q公司项目部一线操作工的薪酬制度

员工按照10人一组进行分组，每个小组每天公布生产效率排名。

达到或者超过生产目标的小组，每月按照基本工资80%—200%的额度发放奖金。

如果迟到5分钟，无权领取当日奖金。

如果迟到30分钟，无权领取当月奖金。

如果机器故障造成停产，生产总额目标不会因此调整。

如果产品因质量问题退货，则奖金发放要相应核减。

可以想象，这样的薪酬制度能带来一个高效生产的氛围，同时，制度设计与核心价值观"效率为先"适配。

好的制度设计是懂人心、通人性，良币驱逐劣币；而坏的制度设计就是挑战和考验人性，鼓吹以自律取代他律，盲目放任，劣币驱逐良币。上

例中，只有那些高效率的员工在企业里才有前途，混日子的员工会很快出局。有了这样的制度，根本不需要管理团队出面开除那些工作效率低下的员工，其他小组成员就会把他们赶走。

小结

企业文化与制度的适配是确保文化真正落地的关键。

企业在发展过程中，要根据自身发展阶段和触发事件来保持文化和制度的动态平衡。

具体操作中，文化先于并指导制度设计与制定，通过文化理念为制度明确原则和导向，将软性文化转化为硬性规范和标准；制度执行强化文化落地，通过行为化要求的硬性规范和刚性执行推动软性文化的落地。文化和制度相互作用，共同促进企业管理目标的实现。

第二节　把理念转化为日常行为准则

在文化领导力中讲过，干部"用"文化要先把文化语言转化为业务语言再转化成业务行为才能产生作用。业务语言和行为各不相同，没法进行横向比较，这对于管理来说，相当于没有一个统一的标准，没法保证公平性。

为此，很多企业将理念转化为颗粒化行为，通过对每个人都有规范约束作用的日常行为准则，使得理念成为可执行、可量化、可追踪的行为系统。

可执行：将理念涉及的关键工作场景一一列出，进行标准化、颗粒化、情景化的梳理，将理念转化为可执行的具体行为，包括倡导行为和反对行为。

可量化：根据工作场景，将理念对应的行为要求进行分级，区分必须做到的基础行为和高目标牵引的高阶标杆行为，比如有的企业为了便于价值观考核打分，会将行为划分为 0~4 分五个等级，不同分值对应不同的行为要求。

可追踪：将文化和制度结合起来，让理念产生行为不是终极目的，终极目的是让理念内化为每个员工的行为习惯，变"要我做"为"我应该这么做"，即便不用看手册，也能通过观察员工的行为看出企业倡导的理念。

1. 理念只有行为化，才"有用"且"好用"

管理这件事，通俗地说，就是 24 个字：简单的事情流程化，流程的事情组织化，组织的事情标准化。最终的指向是标准。

企业的失败，大多不是企业家个人能力的失败，而是组织能力的失败。组织能力之所以失败，就在于没有把行为标准化。随着企业发展壮大，人员增多，组织的复杂度呈几何级数上升，这时，就要通过制度、流程、标准、规范等硬性管理手段，提升组织效率。

业务场景千千万，共通性最多的场景是价值观的应用场景，为此，很多企业在制定日常行为准则时直接对应价值观，尊重大多数人的习惯。本节以价值观转化为行为准则来说明。

1.1 价值观为什么要配套行为准则

企业有了核心价值观，同步还要配套明确行为准则，为什么？

首先，明确行为标准。谁优秀，谁一般，谁落后，要在同一维度上进行横向比较才能得出，为此，首先应将价值观具体化为行为准则，提供明确的行为标准。在员工面对选择不知道怎么办时，可以依据行为准则做出符合企业行为的决策。同时，有了行为标准，也让评价考核制度的执行有了保障。

其次，文化用了才有用，"用"才是文化真正落地的关键。价值观是高度凝练的思想和理念，只有将价值观转化为具体的行为标准，使其真正融入组织管理和每个员工具体的日常行为中，才能保证文化落地的效果。

最后，文化的稀释是从行为的多样化开始的。员工人数较少的时候，每天的朝夕相处，大家都知道应该如何遵守价值观，甚至还会相互监督，在有人触碰的时候，就提醒他改正。但员工增多的时候，往往是企业高速发展的时候，知道怎么做符合价值观要求的老员工也很忙，无暇顾及给新人提供价值观上的指导，没法监督价值观是否走偏。这样的情况下，新员工一旦到了工作场景需要做出选择的时候,不知道价值观背后的逻辑是什么,只好按照原来的文化理念和行为习惯开展工作,这种选择未必和企业的价值观相符合。久而久之,文化就被稀释了。

为此,要有一套跟核心价值观配套的"行为准则",旗帜鲜明地告诉员工行为方式上应该如何遵守,遵守的界限在哪里,哪些事可以做,哪些事不能做。经历过一次又一次的选择,到后面员工就会做出符合企业价值观的选择。这也就是"正确地做正确的事"的淬炼过程。

例4　R公司的价值观和行为准则10条

R公司的价值观就是20个字:成就客户、自我批判、诚信本分、激情奋斗、团队合作。

因为企业处于快速扩张期,业务也从专业化走向多元化,各类人才蜂拥而至,能指导新员工如何作出正确选择的老员工成为少数,新人因为不知道公司的行为标准是什么,只好按照原来的行为习惯来做事,结果不尽如人意,同时还明显感觉到公司原有的价值观受到了很大的冲击。

为此,公司又发起了一轮研讨,配套出台了行为准则10条。

1)我们反对官僚主义,反对不作为,反对发牢骚、讲怪话。

2)我们反对文山会海,反对繁文缛节,要学会复杂问题简单化。

3)我们绝不贪污受贿,绝不造假。

4)干部是出来做事的,不是任命出来的。我们绝不允许结党营私,搞小团伙的不良行为出现。

5)我们拒绝铺张浪费,摆花架子,"设备要用一流,车只是代步",艰苦奋斗的传统要牢记。

6)永远不要想着将产品品质蒙混过关或心存侥幸,我们做企业要一身正气,产品永远都是质量第一。

7）我们坚守成就客户，以客户利益为先，超越客户期待；与客户缔结利益共同体，共同应对未来挑战。

8）我们鼓励自我批判，不断自省接纳，总结经验；错是错，对是对，我们包容错误，尤其是有价值的错误。

9）我们坚守诚信本分，说到就要做到，做得一定要比说得好。

10）我们倡导团队合作，不搞小动作，不耍小聪明。

有了这10条，大家做事就有了可以遵照执行的标准，慢慢地，新来的员工通过观察身边同事的行为也能明白公司的价值观，身上也渐渐有了"R公司味道"。

1.2 价值观如何转化为员工日常行为准则

行为准则是如何产生的？跟使命、愿景、价值观和理念的共创类似，相同的部分就不再赘述，以下讲三点不同。

1）要先对价值观进行排序。价值观是有排序的，前面举过的例子中，"客户第一，员工第二，顾客至上"，这就是一个明显的排序。在制定行为准则的时候，也要按照这个顺序来逐条明确行为，保持一致。

2）要自下而上定义关键工作场景。在调研和征求意见阶段，可以让全体员工尽可能多地列出应用场景。注意，这里是全体员工，因为行为准则是每个人都应遵守执行的，每个岗位都会面临价值观的行为选择，为此，要自下而上地定义工作场景。到了收集、分析和共创阶段，再根据普遍性和重要性，来定义关键工作场景。

3）要"旗帜鲜明""爱憎分明"，不能模棱两可。根据价值观制定具体的行为准则和做事规范时，要注意明确性，不要有歧义，要旗帜鲜明地说明公司到底倡导什么行为，反对什么行为，让员工清楚地知道哪些行为是可以接受的，哪些行为是绝对禁止的。

有了"行为准则"，便让全员"有法可依"，对员工的行为形成了正向牵引和反向遏制。有人曾问过我这么一个问题："是不是要把所有的价值观都转化为行为准则？"这是个好问题，答案是否定的，行为准则的制定依据可以是企业当年的管理重心，也可以是企业存在的关键问题，还可以是突发的关键事件。

例5 将"简单"理念转化为"六大要求"行为准则

2025年2月5日，春节开工首日，名创优品创始人、董事会主席兼CEO叶国富在集团官方公众号发布《叶国富：让简单成为我们的灵魂》一文，向员工提出六大要求：

1）严禁一切形式主义。

2）简化沟通形式：内部沟通严禁使用PPT，含工作汇报、总结规划、述职答辩等，对外根据工作需要自行决定。总体以解决问题为导向，用简单高效的方式表达观点、传递信息。

3）坚持会议"333原则"：少开会、开短会、开有用的会，内外部会议以30分钟为宜，最长不超过1小时；汇报资料不超过3页；重大事项若经3次讨论无果则及时叫停。

4）精简决策环节：内部任何决策，参与决策者不得超过3人，提升各级管理者专业力、领导力、判断力，快速响应市场变化，严禁事事汇报、层层汇报。

5）提升审批效率：秉承"今日事今日毕"与"事不过夜"原则，各项OA审批流程实现一日三批，确保全球化工作协同高效顺畅。

6）坚持数字化提效：全面拥抱人工智能大潮，借助先进的数字化工具和平台，实现业务流程的自动化、标准化和可视化。

这个例子，只强调了"简单"这一条价值观。突发的关键事件，比如有的企业出了重大质量事故，为了强化质量管理，公司在一周之内就共创出了"质量行为准则"。行为准则是一个工具，工具要灵活地为人所用，人不要为工具僵化自己。

简言之，统一思想后要有统一的行动来支撑，才能真正打造战斗力强的团队，促进问题解决和企业发展。颗粒度细化到这个程度的行为准则，每个人都看得懂，说得清，干得对，牵引全员的日常行为，随时对标，随时改进，让价值观和文化理念真正成为可执行的"有用"且"好用"的管理工具。

2. 要想执行好，评价考核少不了

价值观和行为准则就是企业的行为标准，既然是标准，就要进行训练和考核。

"无考核，不管理"，价值观和行为准则只有落实到考核层面才能保障执行的力度。

2.1 为什么要进行价值观考核

将价值观纳入考核是一个有效的管理手段。当然，也有人质疑，在实际操作中，因为人为因素的影响，认为将价值观作为考核指标有点虚。但又不可否认的是，价值观考核在行为一致、人才队伍建设、文化传承上起到了不可替代的作用。

1）统一价值判断和行为选择。企业发布了文化理念之后，要从"知道"到"做到"，需从行为上予以强化。行为准则是把文化融入大家日常工作和行为中的具体方法，能形成员工行为的正向牵引，让员工的行为和公司的发展方向保持一致。而且，个人价值观与企业价值观匹配的员工更能有"同路人"的身份认同。

2）锻造人才队伍的需要。统一的思想需要统一的行为来支撑，这样才能真正打造战斗力强的团队。企业的核心价值观和理念，通过员工的工作方式和处事行为体现出来。为此，可以把文化理念倡导和反对的行为评价指标纳入考核体系，并把文化指标作为评价和任用干部的重要参考因素，让考核成为管理导向作用的指挥棒，用正确的行为标准塑造人才、复制人才，锻造企业需要的人才队伍。

3）保持文化浓度，做好文化传承。员工能不能随时说出价值观和文化理念并没有那么重要，但在工作场景中进行选择时，能不能做出符合企业行为准则要求的行为，则显得非常关键。如果一个企业的员工无论什么时候都能做到"诚信"的行为，那么很快就会在产业链上下游拥有"诚信"的好名声。反之，如果说的是"诚信"，做的却是"背信弃义""出尔反尔"的事，那坏名声也会很快被传开。

4）防范错误行为带来的风险。行为准则中的反对行为或禁止行为，说到底是公司的红线。价值观考核中的反对行为或禁止行为，一旦有人触犯，就要通过广泛宣传给全体员工敲响警钟，以捍卫企业的价值观。

2.2 价值观如何考核

无量化，不考核。有人说："很多企业的价值观很相似，看来看去就那么几十个好词，我是不是'拿来主义'就可以？"这个懒还真偷不得。虽然相同的价值观可能放之四海皆准，但企业的土壤不一样，其产生的组织结构和行为模式可能存在较大的差异。为此，还是要结合企业的实际，进行价值观对应行为准则的梳理，选择最适合自己的价值观考核方式，既凸显企业的特征，又促使企业通过考核形成组织力量。

下面，介绍几种企业常用的价值观考核办法。

（1）正向行为打分法

操作要领：

第一步：对价值观进行多项不同维度的行为描述，根据其行为发生的频次高低给予对应的分数。

0分：从不表现出类似行为

1分：偶尔表现出类似行为

2分：有时表现出类似行为

3分：经常表现出类似行为

4分：总是表现出类似行为

举例见表4-1。

表4-1 价值观考核打分法示例

价值观	关键行为描述	自评	上级评分	备注
勇于担事	清楚自己的工作职责与范围，做事以结果为导向，能画句号			1.最小分数单位为0.5分 2.对于得分为0和4分的行为，需要进行举证说明
	勇于担当，遇事态度正面积极，勇于承担和做决策			
	做事有大局观，以集体利益为重，随时维护公司形象和名誉			
	具有主人翁意识，主动承担本职以外的工作并对结果负责，追求卓越，以自身行为为公司打造优秀品牌形象和美誉度			

第二步：员工自评。围绕考核内容，结合自身行为表现自评，打分。单项考核内容选了4分或0分，要举证说明。

第三步：由上级领导进行评分。上级根据员工平时的行为表现，结合员工自评，给员工评分。单项考核内容选了4分或0分，要举证说明。

第四步：上级评分结果视为个人文化考核最终结果。

（2）负向行为扣分法

操作要领：

第一步：明确要考核的价值观和负向行为描述，举例见表4-2。

表4-2　价值观考核扣分法示例

序号	价值观	负向行为描述	自评	上级评分
1	重在执行	①推诿、拖沓、敷衍 ②没有达成目标就找借口，强调客观原因，不自我反省 ③遇事态度消极，习惯性说"我不会做"或"算了"		
2	勇于担事	①工作未完成，却持懈怠逃避态度，致使工作无法闭环 ②在工作上敷衍了事		

第二步：员工结合自身文化行为践行程度及频次自评，若不存在，则填"0"，若存在，分值为"经常性存在—4分"到"不存在—0分"。

第三步：围绕相关维度的各自对应内容，上级根据员工日常文化行为践行程度、频次及自评内容，打出分数，分值为"经常性存在—4分"到"不存在—0分"。

第四步：上级评分结果视为个人文化考核最终结果。

特别注意：此分值为扣分项，应用时是在总分基础上进行减分操作。

（3）三级加权打分法

操作要领：

第一步：对价值观倡导行为进行不同分值的行为描述，举例见表4-3。

表4-3 价值观考核三级加权打分法示例

价值观	权重	倡导行为	A：8~10分	B：6~8分	C：3~6分	D：0~3分	自我评价	直接领导	间接领导
勇于担事	20%	坚决履行职责，勇于承担责任。坚持原则，诚实守信，严格遵守公司规章制度，践行企业文化	坚决履行职责，勇于承担，不推卸责任。诚实守信，严格遵守公司制度，起到带头模范作用	履行职责，诚实守信，多数情况下能勇于承担责任，工作严谨，严于律己，能起到基本带头作用	基本履行相关职责，在出现问题时多数情况下可以承担责任，工作严谨性、自觉性一般	工作职责落实不到位，经常推诿；工作态度不端正，不能严格遵守规章制度			

第二步：根据年度文化导向及战略落地需要，识别重点考核维度，以增加权重的方式突出强调。

第三步：自评。

第四步：直接领导评分。

第五步：间接领导评分。

第六步：三个打分偏差大的，辅以360度反馈，进行综合考核后给出个人文化考核最终结果。

（4）根据工作重点列出考核维度，打分时执行现有制度

第一步：根据公司年度工作重点，找出需重点加强的考核维度。一般

来说，考核什么，员工就重视什么。

第二步：列出关键的行为项并准确描述。

第三步：根据现有考核制度，将重点行为放入现有考核制度中的软性考核维度，如"综合评价维度"或"领导力评价维度"等。

第四步：勇于区分，敢于管理，实事求是地根据被考核人员的行为表现进行评价。

价值观和行为准则对工作绩效产生直接影响，企业可根据自己的具体情况选择价值观考核的方式。价值观考核还有很多方法，比如人才盘点、民主评议、人才测评、关键事件表现评价、360评价等，都可以对一个人的行为表现作出评价。但无论什么考核方法，万变不离其宗，考核是为了区分，不是为了打分。

总体而言，价值观考核的目的是不让"行为标杆"和"文化模范"吃亏，不让"老好人"和"大锅饭"蔓延。

2.3 价值观考核应注意的事项

考核往往是被人诟病最多的，在我辅导过的企业中，最夸张的是一年离职一个绩效考核总监，谁做考核谁背锅。考核是吃力不讨好的苦差事：高层觉得花费了大量的时间、精力，结果却不尽如人意；中层觉得考核就是"填表打分"，是费时费力的形式主义；基层觉得考核是"领导拿捏自己的工具"。

企业要重视考核，但不要认为考核是万能的。也不是所有企业都需要价值观考核，但如果决定考核，那就把它做扎实。在企业运营中，以下四点是值得注意的。

（1）考核要跟着管理重心走

考核是指挥棒，要体现年度重点战略导向。一个企业、一个团队，要什么就考核什么，考核什么就会得到什么。比如，今年是协同年，在具体的价值观和理念选择上，就应选择跟"协同"相关的理念，并进一步细化为常见场景的具体工作行为。又比如，今年要从"产品第一"转向"客户第一"，那就要在"客户满意度"和"深度挖掘客户需求"上加大指标的权重。

管理重心在哪里，价值观考核就在哪里，目标和方向要保持高度一致，不能南辕北辙。

（2）重点要考核干部群体

干部是企业的核心人才资源，如果干部的价值观不合格，将对企业产生破坏性影响。所以，很多企业都会在对干部业绩进行考核的同时，开展价值观和领导力的考核。

干部价值观的评分体系、评分标准、具体的行为标准，要和普通员工有所区别，各维度权重的侧重应有不同，尤其考核内容要体现对干部的高要求。

（3）考核方案要提前公布

考核维度及方式的发布时间应在年初，和年度 KPI 一起发布，要预留充分的宣导、理解及答疑时间，否则大家很容易敷衍。

（4）考核不能浮于表面

科学有效地开展价值观考核，是企业实现战略目标的重要方法，但很多企业对考核存在一定的误区，尤其是价值观考核，总觉得不好考核就随便应付一下，或者考核结果不拿来应用，或者"平均主义"，大家的得分都一样，不敢在文化考核上拉开得分差距，使得企业的价值观考核浮于表面。为此，考核维度定义颗粒度要细，要有具象化的场景，要有统一且具体的评判标准，要敢于做出"优秀、一般、落后"的区分，形成文化对行为的牵引作用。

小结

文化理念和价值观绝不只是文化手册上的文本内容，它的根基是具体工作场景下的工作行为，在于躬行，在细处、小处、实处"用"文化产生实际行动，让文化理念和价值观内化于心、外化于行。

文化的"用"才是文化建设和落地成功的关键，只有将理念和价值观转化为行为准则，并通过价值观考核保障行为准则的执行，才能保证文化的落地效果。

第三节 文化嵌入制度：
以文识人、以文育人、以文励人

上一节讲了如何通过制度将文化外化于行，本节接着讲述如何固化于制。

企业文化主要是作用于人的，在文化和制度的融合中，固化于制的"制"，主要指的就是人力资源制度，即文化理念要嵌入、固化到人力资源管理的全过程，在招聘、培训、晋升、员工关系等环节中强化文化的导向作用。

文化和制度融合的最高境界是让员工感受到"不是制度在约束我，而是文化通过制度在帮助我成长"。当员工开始自发用文化理念解释自身行为逻辑，自觉按照制度要求行事，文化才真正完成了内化于心。

1. 以文识人，招聘环节要"闻味道"

招聘是企业文化和人力资源制度适配的第一关，因为招聘犹如让人才"过筛子"，要留下和企业文化理念和价值观适配的人才，筛除不认同文化理念和价值观的。

选择比努力更重要，与其努力"培养"员工接受企业的文化理念和价值观，不如直接把好"入口关"，通过"闻味道"找到个人价值观与企业价值观相同或相近的人。

文化适配度为什么要用"闻"，而不是"看"？这可以从麦克利兰提出的素质冰山模型（见图4-2）找到答案。

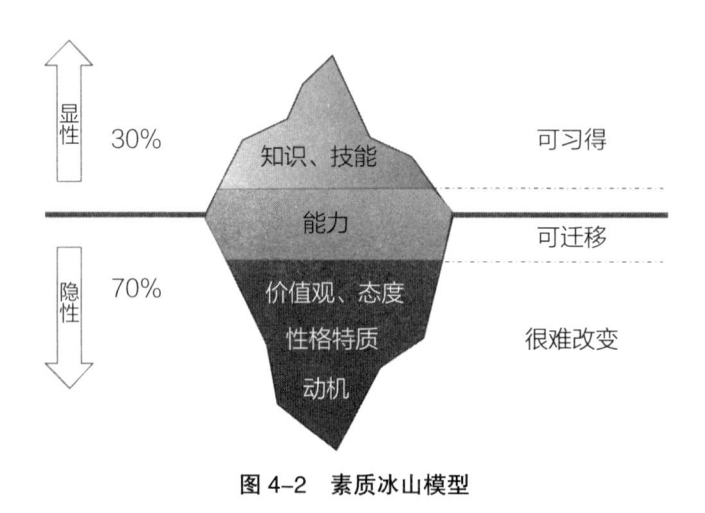

图4-2 素质冰山模型

从图中可看到知识和技能是冰山上面的部分，是可以通过培训培养学会的。

能力可显性可隐性，属于可以迁移的部分。

价值观、工作态度、性格特征及动机属于冰山的下半部分，不能被直观地看到，是很难改变的。俗话说，江山易改，本性难移。价值观从中学时代就开始慢慢形成了，要改变并不容易。

所以，在简历筛选过程中，难以通过"看"来获得诸如激情、合作、诚信、创新等价值观维度的表现，而要通过候选人讲述实际案例来"闻"出隐性的价值观味道。

"闻味道"对于企业找到同路人非常重要，只有当一个人的价值观与企业倡导的价值观相匹配的时候，才能同路。招聘部门会在人才入口端识别那些有"企业味"的人。一般在招聘过程中，会有一些必问的题目。这些必问的题目中，除了专业问题，还会有价值观的识别题。企业重视什么价值观，就会在招聘过程中有所体现。

在具体的招聘过程中，对于候选人价值观的识别，基本的流程为："闻味道"准备、"闻味道"实施、"闻味道"评估、信效度分析（见图4-3）。

"闻味道"准备	"闻味道"实施	"闻味道"评估	信效度分析
· 设立并招募"闻味官" · 明确要"闻"的关键特质 · 进行"闻味官"统一培训	· 面试现场"望闻问切" · 背景调查，核实"味道"匹配度	· 填写评估表，做出评价 · 留下"对味"的，送走"不对味"的	· 转正前，对"味道"维度进行分析 · 1年后，留存人员和流失人员的"味道"维度分析

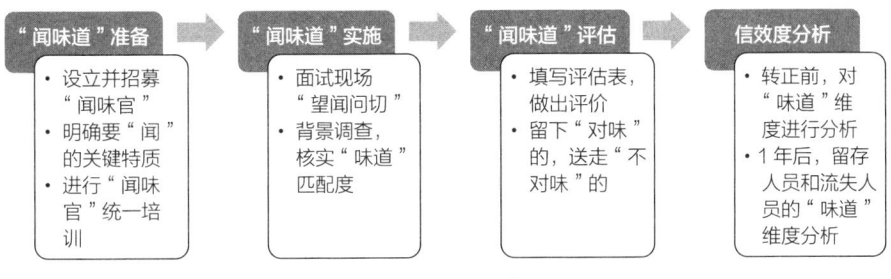

图4-3 "闻味道"基本流程

1)"闻味道"准备。包括设立"闻味官"标准、招募"闻味官"、明确要"闻"的关键特质、对"闻味官"进行统一的招聘培训。注意，"闻味官"的选择标准很关键，通常由入职3年以上的老员工担任，相对来说，这样的员工嗅觉更敏锐，能帮助企业识别出"有同路人味道"的人才。另外，关键特质不是一成不变的，可以根据企业的发展阶段、战略部署和工作重心有所侧重；也不必对每一项价值观都进行考察，重点对企业特别关注的特质进行识别和考察。

2)"闻味道"实施。包括在初试、复试的现场，对候选人从不同角度进行多种招聘方法的"望、闻、问、切"，鉴别候选人身上是否具备企业文化的"味道"，以保证评估的全面性和准确性。同时，为了验证，在做背景调查时，除了核实基本信息外，也要强化对其"味道"特质的核查，如问一问人际关系、工作表现等。

3)"闻味道"评估。对候选人的"味道"面试情况进行评价，填写评估表的相关内容，留下价值观契合的候选人。

4）信效度分析。在招聘工作结束并入职的情况下进行，根据企业的实际情况和甄选需要开展，有的企业会在转正前进行试用期的"闻味道"考核与分析。对于中高端的关键人才，则在 1 年、3 年、5 年的时候，分别进行留存人员和流失人员的"闻味道"考核与分析。

在设计文化理念和价值观的问题时，要考虑企业的实际。

例 6　S 公司价值观面试题库

1）你最喜欢和什么样的人共事？你耻于和什么样的人为伍？

2）你有人生导师吗？他是一个什么样的人？别人是如何评价他的，用 5 个关键词来形容他？他给你带来了什么样的影响？

3）你喜欢的公司氛围是什么样的？

4）最近一次工作冲突，和谁产生？因为什么产生冲突？要解决的话，你怎么想、怎么做？

5）你最近一次因为什么被表扬？

6）你的同事对你的评价是什么？请用五个形容词。

7）你最看重的别人对你的评价是哪三方面？

8）讲一个让你记忆最深刻的故事。

在实践中，企业比较鼓励老员工内推，这样做的好处是：一方面，可以降低招聘成本；另一方面，老员工在不自觉中充当了"闻味官"的角色，帮企业提前做了一轮筛选。老员工内推是一种性价比很高的做法。

有的企业也会做文化理念和价值观适配度测评，根据企业看重的核心理念和价值观开发测评工具。这也是比较好的做法，优点是能快速得出是否适配的结论，缺点是需要专业性，信效度的验证需要时间，费用不菲。

总之，在用文化理念和价值观进行"闻味道"时，其实是双方相互吸引，企业吸引认同理念和价值观的人才，人才选择理念和价值观相似的企业。只有这样甄选出来的人才，才是企业的同路人。

2. 以文育人，文化培训适当做重些

如果说招聘时的"闻味道"是"过筛子"，那么，企业文化培训就是"入模子"，用大量工作实际应用场景来教会员工应该如何选择，颗粒度细化到怎么做是企业倡导的、怎么做是企业反对的。

"入模子"有两种常见方式，一种是集中开展的文化培训课程，另一种是分散进行的"文化导师带徒"模式。

2.1 文化培训课程

大中型企业一般标配有"培训中心""企业学院"等，对于企业构建高效组织系统、释放员工潜能、赋能员工，发挥了关键的作用。企业大多把文化培训做成一门通用类管理课程，属于必修课。

但一般的企业，只是把文化培训课程放在新员工培训中，内容主要包括企业发展历程、企业基本情况介绍、企业的使命愿景价值观，带领参观厂区，基本上留给企业文化的时间也就是一个小时左右，来不及展开培训就结束了。而老员工的文化培训，基本没安排。

事实上，企业的文化理念体系一旦建立或迭代，就要在培训系统里面专门设置企业文化课程。企业文化培训作为强化员工认知并践行文化理念和价值观的重要手段，要分层分类实施，非但对新员工实施培训，也要对老员工开展，尤其对干部要独立开发文化课程。

（1）分层分类，从"新"开始，普及全员

企业文化培训，不能只针对新员工开展，而要针对全员培训。但也不是所有人都共用一门通用课程，而要针对不同的培训对象，进行不同内容、不同培训方法的课程设计，具体的设计见表4-4。

表4-4 企业文化分层培训课程设计

培训对象	培训重点内容	培训方法	师资
新员工	使命、愿景、价值观、创始人故事、行为准则	讲授法、故事法、图示法、互动提问、示范教学、情景剧、案例分析、小组讨论、布置作业	文化大使、文化导师
老员工	文化标杆案例、文化故事、"用"文化解决问题方法和工具	故事法、图示法、视频教学、案例分析	文化大使
干部	"用"文化打胜仗、冲突处理	沙盘、案例分析、研讨工作坊	高管/专家

1）新员工文化培训

企业对于新员工培训课程的设计，大多很用心，可以生动形象地把新员工文化培训叫作"入模子"或"刷油漆"。

也有的企业把新员工企业文化培训做得特别隆重，邀请公司高管、业绩好且价值观正的老员工进行分享，总共二十多天的新员工培训，三分之二的时间都是讲文化理念和价值观，用大量的案例告诉新员工如何正确地做正确的事。

对新员工的文化考核，同样很重要，分三个时间段进行定期考核。

第一阶段："入脑"考核，入职培训后马上进行企业文化理念知识考核，对于使命、愿景、价值观等核心内容，要能够说得出。

第二阶段："入行"考核，试用期，文化导师对所带新员工每个月进行

一次文化和业绩的综合评价，督促新员工按照文化理念和行为准则，逐步固化良好行为习惯。

第三阶段："入心"考核，转正前，新员工要进行述职，述职内容包括业务总评和文化践行内容，文化评价不合格者要予以淘汰，文化合格但业务不合格者，可延长培养周期，再次考核不合格者予以淘汰。

2）老员工文化培训

对于老员工的文化培训，主要是进行"动态学习"，每个老员工对于企业历史非常熟悉，对于文化的理解也很深刻，但对于企业未来的规划和当下问题的理解，是有所欠缺的，为此，也要对他们进行轮训。通过最新文化标杆案例、文化故事的分享和研讨共创式的学习，来深度了解企业文化的动态诠释，在内部和外部环境中保持理性分析和思考，构建可持续的敏锐性和判断力。

老员工还肩负着实时开发企业文化课件的任务，把最新的文化故事进行传播，在带新人的过程中，给予新人更多的引导，以更高质量的招聘留住有相同价值观的员工，在工作中进行更高水平的协同，带领新员工和企业一起成长。

3）干部文化培训

对于干部的文化培训，识记类不是重点，重点是应用类，对干部进行"用"文化解决问题、打胜仗、冲突处理的赋能，通过实际案例分析和共识共创工作坊，提升他们的文化领导力和"打胜仗"能力。前边"赋能"部分已经有详细分析，此处不再分析。

（2）成立一支讲师队伍

讲文化的讲师和其他的技能类讲师不一样，需要通过企业文化认证，在门槛上会设置得更高一些。

1）企业一号位是文化讲师

企业一号位是企业文化的起点和最关键的建设者，是企业使命的确立者，是企业初心的坚守者，是企业文化管理的第一责任人，在文化传承和践行过程中，首先要发挥一号位的作用。

只有一号位重视企业文化，文化才能在传承中向前发展。讲个题外话，我们判断一个文化项目能否成功，一号位的重视与参与程度是重要标志。如果一个项目从头到尾没有见到一号位，那项目大概率会以失败告终。

2）高管和核心中层干部是文化讲师

高管和核心中层干部往往是部门一号位，他们是部门文化管理的第一责任人。

很多企业有个误区，觉得文化是HR或党群工作部的事，业务干部只要负责业绩达成就行了。其实不然，业务干部才是真正的文化责任人，要对文化建设与落地负全部责任。在公司业务场景中，干部就是公司的明星，一言一行都广受关注，然后放大，带多大的团队就会被放大多少倍。

员工不是听干部说文化，而是看干部到底怎么践行文化。为此，部门一号位一定发挥中坚力量，言行一致，让员工不敢懈怠。

（3）针对性磨课

文化培训相对来说是比较难讲的课，因为文化理念和价值观属于认知类、思想类，不像技能类培训，通过示范、练习、反馈、改进，就能教会大多数。文化培训课程在设计时，要多思考如何让大家理解结构和逻辑，这样会比单纯传递内容更有效。

由于企业的发展是现在进行时，所以开发了企业文化的标准课件之后，为了汇聚更多的授课创新思路，企业文化讲师在每次授课前，还要不停地进行针对性磨课并迭代课件。

例7　T公司企业文化讲师磨课

T公司处于高速发展期，4年中，文化讲师共进行了120次新进人才+18次新进关键人才的磨课。主要打磨以下内容：

1）讲师准备课件的整体逻辑。

2）授课思路及多种教学方法的设计与应用。

3）案例的配套与更新。在理念的配套案例选择上，除了经典案例之外，一般的案例要根据新进人才的岗位分布情况及讲师的熟悉领域进行适时更新。

4）老讲师带新讲师。新讲师在第一次正式登台之前，至少参加一次老讲师的磨课，观摩老讲师的授课思路和讲解逻辑。还要观摩一次老讲师的正式授课，掌握现场教学技巧。

5）临场应变能力。讲师在课堂上受到的"挑战"，要进行分享，上次碰到学员问的什么问题，当时讲师是怎么回答的，有没有更好的答案，是否有相关领域的专家来帮着指点一下……磨课时要进行模拟演练，互通有无，精益求精。

无论是老讲师还是新讲师，每次站上台的感觉和平常在部门内分享是不一样的感受，磨课能让人心中有底，上台不慌。

最后，企业文化培训同样面临着评估的问题，在课程内容、培训方式、讲师选择等维度进行评估，让企业文化培训更高效地服务于企业文化建设和企业经营的持续发展。

2.2　文化导师带徒

除了多人一起开展的文化培训课程之外，更多的文化培训场景是日常工作中由"文化导师"带领新员工，实现新员工的文化融入和成长。

有的企业为了培育后备力量，在设计时，会安排两个导师，分别为业务导师和文化导师。业务导师由员工的直属上司担任，负责指导、提升员工的业务技能；文化导师由员工身边的"文化大使"担任，负责帮助员工快速融入团队，提升员工的文化理念和价值观认知与践行能力，实现"文化传帮带"。

文化导师能提供的价值包括：

1）带领员工感知公司的氛围，答疑解惑；

2）随时随地的价值观和行为准则示范、讲解与行为纠偏；

3）员工有"思想疙瘩"时，及时"用文化"提供指导与反馈；

4）亲自指导"文化行为复盘"，告知员工哪些做对了，哪些做错了，应该怎么做；

5）讲企业的故事，现身说法，传承文化；亲自传授，帮助成长。

其他都很好理解，重点讲讲如何"用文化"做辅导反馈。

很多人只会布置任务，却不教方法。其实，老员工觉得简单的事，新员工未必觉得简单。甚至，看起来简单的事，一旦落实到行动上，却很难有结果。所以，重要的是，文化导师要在日常工作中随时充当"教练"的角色，随时随地纠偏，教他们方法、教他们技能、教他们正确做事的理念和解决问题的逻辑，给予反复的辅导训练，让新员工快速融入团队。

"文化导师带徒"好处，一方面，在情感上拉近了和新员工的距离，获得了新员工的信任，调动了积极性，拿到更好的结果；另一方面，新人快速融入团队，有助于整体氛围和战斗力的提升。

文化导师一般由专业的文化大使担任，让优秀的人带出更优秀的人。

3. 以文励人，激励机制与文化导向挂钩

文化落地和组织能力的提升离不开激励机制的设计与制定。激励机制设计得不好，就会出现一系列问题。比如，平均主义、做好做坏一个样、做多做少一个样，等等，这些都会损伤员工的工作积极性和忠诚度。

为此，要通过激励机制与企业文化的有效融合，为人才的成长和发展"搭台子"，使员工之间形成良性的竞争，以增强激励机制的有效性，提升企业整体绩效和员工满意度，实现企业的长期稳定发展。

设计与文化理念相符的激励机制，鼓励员工展现与企业文化要求相一致的行为，要把握的关键节点主要是晋升时、利益分配时、给荣誉时。

3.1 晋升时：要设置"文化门槛"

公司真正的文化和价值观是通过哪些人被晋升来体现的。晋升导向是一个公司用人观的最直接体现，也就是说，让什么样的人晋升，是一个强大的信号。

很多企业的导向是业绩，也就是打胜仗的能力。小企业的时候，业绩导向没有问题。但随着企业的成长与发展，尤其是对于志向远大的企业来说，就会增加考察的维度，一般会加入价值观考核维度与领导力维度。甚至有的企业会把价值观考察放在业绩之前，比如马化腾在公开采访中就表示腾讯的价值观第一条就是正直，不正直的人，绝不提拔。

越来越多的企业在年度晋升中设置"文化门槛"，它的价值和意义主要表现在两个方面。

1）明确了用人导向。在考察和任用干部工作上增加企业文化考察维度，说明企业开始"用"文化来识别人才、晋升人才，文化理念和价值观

的"用"与传承成为任用干部的基本条件。

2）表明"用"文化打胜仗是晋升的前提条件。世界上最遥远的距离，是理念到行为的距离。会讲会背文化理念只是"入脑"，只有在工作中形成随时随地的"讲"文化、"用"文化习惯，只有身先士卒、以身作则地践行文化，才能让队伍有强大的精气神和鲜明的文化特质，带领团队打胜仗。

晋升是导向，是信号灯，本身体现了企业对员工的文化认同度、忠诚度、工作态度、工作表现和工作绩效的认同，为此，晋升时一定要慎之又慎。

3.2 利益分配时：加入"文化践行"维度

组织能力有三方面，一是员工有没有做事的能力，二是员工有没有做事的意愿，三是发挥领导力。这三方面又是由组织体系的政策规则、流程制度、绩效管理、激励机制等决定的。在激励上，企业能够给到员工的，无非就是物质激励和精神激励，那到底给什么样的行为以激励，就需要文化来明确公司内"得到高分评价"的导向和原则。

激励的对象是人，但评价的标准必须是人所产生的行为是否符合文化理念和价值观的要求。

例8　怎样分配才是"以奋斗者为基石"？

U公司的价值观里有这么一条："以奋斗者为基石。"

对这条价值观的阐释是：我们尊重员工、关爱员工，全体员工在人格上是平等的。我们根据价值创造和贡献大小公平公正地评价员工。我们以奋斗者为基石，创造高价值、作出高贡献的奋斗者将获得更多的物质、机会和荣誉。

显然，这条价值观是企业对员工提出的要求，希望每个员工都能成为奋斗者，争做奋斗者。同时，企业也对制度制定提出了要求：在激励政策上要符合价值观的要求，在利益分配时，要向奋斗者倾斜，不让奋斗者吃亏。

文化作为一个管理手段，"规矩"说在前面，"评优""绩效"见真章，要形成一个闭环。如果奋斗者"用文化"打了胜仗，为企业创造了价值，企业就要刚性兑现，倾斜分配利益，这才是"以奋斗者为基石"，这才是文化的闭环。

所以，企业在做企业文化时，在语言的表述上，"漂亮"词汇可以有，话说得"漂亮"，配套的制度和执行更要干得"漂亮"，只有这样，员工才会相信你说的是真的，公司的文化才是真文化。如果说写的是"漂亮话"，但做的事与理念背道而驰，员工相信哪一个呢？一定相信做的事。

文化本身就是一种强有力的激励手段，核心在于对利益的分配，绝不让"奋斗者"吃亏，奋斗者应当得到合理回报；绝不让投机者获利，偷懒者应当得到应有惩罚。

3.3 给荣誉时：体现文化理念和价值观导向

荣誉评价是绩效评价的一个重要方面，主要作用是树立突出典型，并以激励的形式进行彰显。荣誉激励主要通过荣誉称号和荣誉奖金来实现。

很多企业会设立荣誉体系，荣誉称号和标准要体现文化理念和价值观导向，甚至有的荣誉称号直接用价值观的词语，如合作、赢、自驱等，荣誉标准用价值观的原文。荣誉称号和标准的示例如表4-5所示。

表 4-5 荣誉称号及标准

荣誉称号	荣誉标准
最佳合作意识奖	热心助人，多次主动协助其他同事的工作 以团队利益为主，为了团队目标，主动承担有难度、有风险、不易彰显的工作
最佳合作贡献奖	团队配合度符合标准，个人贡献突出
最佳合作智慧奖	有潜在管理能力，具有多赢思维模式，团队配合中能智慧地协调多方利益，辅助团队领导完成组织工作
最佳服务团队奖	针对管理支持类部门，为一线提供帮助，业绩突出，效果明显
"赢"团队	针对业务部门，业绩突出，取得最优绩效的部门
恪尽职守奖	爱岗敬业，出色完成本职工作，受到客户或下级部门肯定和赞扬
最佳学习分享奖	热爱学习，并将自己学习心得分享给同事
自我驱动奖	超越领导的要求，完成上级交代的任务之外，能交付更多有价值的工作结果（包括业绩或非业绩的有价值的工作）
最佳引领奖	审时度势，根据市场或者公司内部新变化、新需要，及时提出解决方案或合理化建议，带来实际效果
最佳客户研究奖	主动研究和总结客户需求及特点，并分享给同事，对工作起到帮助作用

按文化理念和价值观导向来设立荣誉体系的企业，高度重视文化建设和落地，为此，在评选时也会有所倾斜，优先把荣誉给"用文化"用得好的文化践行者。

在荣誉体系设立之后，还需要明确荣誉评选流程和评选方法、荣誉颁发和应用等。

为了最大限度地放大荣誉的激励作用和标杆示范作用，荣誉的精神奖励和物质奖励要及时兑现，表彰大会要轰轰烈烈，全员皆知。让获得荣誉的团队和个人站在舞台中央，接受鲜花、掌声、荣誉、激励，享受万众瞩目的荣耀时刻。

小结

企业文化落地要"固化于制",主要是将文化理念嵌入、固化到人才的甄选、培育、激励等制度中,起到"过筛子""入模子""搭台子"的作用。

文化理念和价值观为制度设计和制定提供了导向,制度保障了文化理念和价值观的落地与执行,两者深度融合,将现实利益与文化挂钩,真正做到外化于行、固化于制、内化于心。

当然,这是需要时间来证明的,文化的导向作用至少经过一两年才能显现出来。文化落地急不得,需长期主义,静待花开。

第五章 文化行动力：
从文化自觉到现实结果

企业文化建设与落地走到这一部分，就进入了一个神奇的境地：文化消失了。

犹如一个武林高手，经过勤学苦练，终于拿到了最高武学秘笈，可打开一看，上面赫然写着五个大字——"无招胜有招"。

企业文化的落地目标是全员可以忘掉文化理念的文本内容，却能在行动中"自我驱动、自动自发"地按照文化理念和价值观的要求来做，即形成"文化自觉"。忘记招式，只用其意，将文化内化为"冰山"下的潜意识，行于文化之中而不自知，在面对工作场景时，文化产生正确行为；在面对决策时，文化引导正确决策。

当然，企业是营利性组织，在文化建设与落地过程中所投入的资源，要产生现实结果，这是促使企业持续投入的前提和基础。最后，企业文化不是一成不变的，要紧跟企业的战略重心和发展节奏，不断复盘总结，去芜存菁；不断更新迭代，自我完善，助力企业实现螺旋式上升。

第一节　刻意练习"三招",形成文化自觉

衡量企业文化落地是否成功的主要标志:员工在无监督、无激励的工作场景中,文化践行能否从"制度强制要求"升级为"集体行为自觉"?能否从"外驱"变为"自驱"?文化行为能否内化为"工作习惯"?能否做到自我驱动、自觉自愿、自动自发,形成文化自觉?

要形成文化自觉,可以着力练好"三招"。

第一招:构建"文化心智",通过讲好身边人的文化践行故事,让员工感同身受,引发强烈的共鸣。在遇到类似场景的时候,能效仿照做,继而重构"文化心智",产生文化行动力。

第二招:营造"文化场域",通过树立良好风气、广泛宣传标杆、布置环境和营造氛围让身在其中的每一位员工都"无意识"地作出正确选择,增强凝聚力。

第三招:激发"文化自驱",通过文化放权变"外驱"为"自驱",触发自驱力,通过鼓励文化创新,触发创造力,不仅形成自动自发做事的习惯,还能自觉自愿地共创一个文化新体系。

1. 构建"文化心智":讲好文化故事,从"共鸣"到"效仿"

不是海尔员工,但能讲出"砸冰箱"提升全员质量意识的故事;不是

华为员工，但知道"蚊子龙卷风"故事背后是华为人在海外的奋斗精神……

一物一故事，胜过千言万语，比花很多广告费还管用。我们未必知道一个企业的文化理念和价值观是什么，但从企业传播的文化故事中，我们能了解企业、读懂企业、宣传企业。

文化故事是企业解释文化理念与价值观的一个有血、有肉、有效的载体，它长着翅膀，自己会飞到企业的角角落落，会飞到每个客户脑海里，会飞到每个被故事触动情感开关的人的心里。

1.1 为什么要讲好文化故事

文化故事讲的不是故事本身，真正要传递的，是故事所承载的文化理念和价值观。文化故事有其特殊的作用。

（1）文化故事有"内聚人心，外树形象"的力量

故事是凝聚人心的载体。作为企业历史的见证者，文化故事能回溯过往历程，用形象生动的故事展现企业发展史。

作为文化理念的阐释者，文化故事传递企业价值观和经营管理智慧，能增强员工凝聚力和战斗力，让文化入脑入心、落地生根。一旦有了故事，就有了情节和细节，这些东西能有效激发员工产生情感共鸣，增强对价值观的认同。

作为品牌形象的塑造者，文化故事对外能提升品牌美誉度和客户信任度。"客户第一"怎么展现？凭什么说公司是"有责任"的？在需要向客户、产业链、员工解释的时候，讲完具体意思再举例子是惯用的做法。讲到"客户第一"的时候，还可以将故事的后续比如客户发来了感谢信和感谢视频作为佐证，这比单纯"背诵理念"或"喊口号"要有用多了。

(2) 文化故事是诠释文化理念、传播公司文化的重要抓手

生动的故事在脑海中形成一个丰富的形象。理念是干巴巴的，故事因其有人物、有场景、有反转等元素，让人产生画面感，深深地印刻在员工的心里。

在文化故事撰写的培训课上，我经常问学员一些问题：公司历史上让你印象最深刻的是哪一天？发生了什么事？你在工作上最自豪的时刻是什么时候？在业务上，你遇到的最大困难是什么？什么时候有人说你不行？什么时候你知道你的付出是值得的？对这些问题的回答，就是文化故事的雏形。

(3) 文化故事有很好的示范效应，增强影响力

故事将听众带到一个感性的真实环境中。理念偏重理性和逻辑，有高度、有深度，但没有什么温度。而故事则不一样，有情感、有温度，给人以身临其境之感。加上故事中的主人公都是同事，示范效应更强。

讲故事源于情境指导，是产生影响力的有效方法。对于管理者来说，随时随地的辅导是对员工产生影响力的重要方法。这是一个双向的过程，管理者可以对下属讲述自己的故事或标杆的故事，增强对员工的影响力。同时，员工也可以分享自己遇到的困难与烦恼、收获与感动，既从管理者那里学到了知识和应对方法，也在及时的沟通中增进了相互信任与情感连接。

1.2 如何撰写文化故事

文化故事就在我们身边，企业中的文化故事，包括公司故事、团队故

事、个人故事、客户故事，等等。

每时每刻我们都在创造故事，每时每刻我们都在经历故事。文化故事的撰写，大致分为4步（见图5-1）。

01 明确撰写故事的目的 → 02 收集资料或素材 → 03 按一定的格式及要求，撰写故事 → 04 不断修改完善

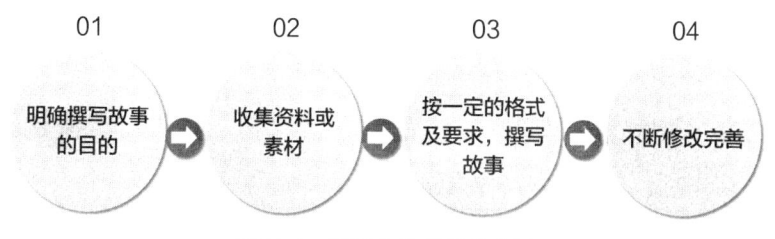

图5-1 撰写文化故事的步骤

第一步：明确撰写故事的目的

动笔之前，首先要明确所要撰写的故事要体现公司的什么理念或价值观，确保写出来的文化故事能起作用。

要反映的理念或价值观，是写作过程中"上价值"的部分，是整个文化故事的核心。素材的取舍、文章的布局、细节的描绘、故事的反转，都要紧紧围绕核心展开。跟核心无关的枝枝叶叶，都可以砍掉。

第二步：收集资料或素材

讲好文化故事，首先要认真倾听。

1）项目上遇到一个难题，如何想办法解决？

2）为了满足客户需求，做了哪些尝试和努力？

3）为了达成一个目标，各部门或部门内如何分工协作？

4）面对内外环境的变化，怎么打下胜仗？

5）我在公司里的高光时刻是什么时候？发生了什么故事？

6）业务板块里，重要的里程碑事件、典型案例和最佳实践是什么，有哪些感人并记忆深刻的片段？

7）在企业发展历程中，至今想来仍然热血澎湃的故事是什么？

8）公司获得了什么重大奖项或突破？

只要有心，所有你内心感受到的、头脑中想到的、眼睛看到的、耳朵听到的，都可以成为撰写文化故事的素材。

分析素材能对应什么理念或价值观，将它们收集起来，等待调用。

第三步：按一定的格式及要求，编写故事

写文化故事的黄金原则：以终为始的故事架构，有的放矢地影响他人。

在写作时，有很多的写作方法论可供参考。常用的有：

1）4W1H1R写作法。When（时间）、Where（地点）、Who（谁）、What（遇到什么问题/难题/挑战）、How（应对之策），Result（结果）。

2）"1+6"基本结构。1个主题：一个反映文化理念的"鲜明的主题"。6个问题：主人公的"目标"是什么？"冲突"或"阻碍"是什么？主人公如何"努力"？"结果"如何？情节如何实现大"逆转"？最后的"结局"是什么？

3）问题解决型故事写作法。总体逻辑是：描述痛点→分析问题产生的原因→提出解决方案→行动。

4）故事的GMC写法：Goal（目标）、Motivation（动机）、Conflict（矛盾），总体逻辑是人物受动机驱使，有了目标，但又产生矛盾，一番操作最终实现目标。

5）好故事公式。这是我在辅导企业写文化故事时总结的一个公式，好故事 = 有理念 × 有场景 × 有冲突 × 在身边。

写作者根据自己的喜好和行文习惯进行写作即可。

最后一定要"上价值"，将故事升华到文化理念或价值观层面。

例1　V公司给"奋斗者故事"写的"点评"

有这样一群奋斗者，他们沉得下心、耐得住寂寞；他们在自己的岗位上兢兢业业，不断钻研精进。他们是真正的文化践行者，用实际行动传承企业精神。他们身上有无数闪光点值得挖掘，被更多人知道！

第四步：不断修改完善，最终定稿

好的文章是改出来的，好的故事是不断修改完善的。

具体可以按照这个顺序进行修改：

1）对照主题，明确理念。

2）通读全文，打磨框架。

3）逐字逐句，删词改句。

4）从头到尾，打磨情绪。

5）朗读全篇，产生共情。

文化故事是让人效仿的，有强导向的示范作用，为此，在写文化故事时，要时时追问"为什么"和"怎么做"，最终让听到、读到故事的人产生行动力。

1.3 每年输出一本文化故事集

故事是需要沉淀的，因为故事蕴含了文化理念和价值观。从知识的归属来说，这属于组织知识。组织知识就要沉淀到组织层面，否则就会随着时间的流逝而湮没于尘烟。

有了系列文化故事，接下来，就要传播文化故事。很多企业的做法是每年出一本文化故事集。员工、客户随口就能讲出一两个文化故事，产生了很好的传播效果和影响力。文化故事集集结成册的时候，可以按照一定的逻辑。以下提供两种编辑逻辑作为参考。

（1）时间逻辑——连接过去、现在和未来

过去：讲述企业过去的故事。企业、社会、团队都喜欢回首来时路，知来处，则去处无限。企业成立的背景、如何度过困难时期、让人永生难忘的故事，只要有人传播，就说明它蕴含了企业的精神力量。

现在：

1）讲述让客户和合作伙伴铭记的故事。每一个客户和合作伙伴，都能从外部视角，讲述让他们印象深刻的故事。这些故事都是打动他们的，愿意表达的客户或合作伙伴并不多，所以，一定要珍惜这样的故事，反复讲给员工听。

2）讲述承载了文化理念的故事。每年，企业都能产生大量的文化故事，它们犹如一颗颗珍珠，闪耀在员工的心里。而作为企业文化主管部门，要握着"企业文化"这根绳子，将它们按照一定的逻辑串在一起。

未来：讲述企业未来景象。这其实是愿景的故事化，面对投资者、面对员工，总要许大家一个更美好的未来。这样的未来，不能只是参加战略会议的人知道，而要让所有人知道。为此，企业最好有一些能回答两个问题的故事，这两个问题分别是公司为何存在、公司将在未来五年中采取哪些措施来满足客户需求。

（2）空间逻辑——连接整体和局部

根据企业文化手册中核心价值观的每一条进行分类编辑。

例2　W公司文化故事集目录（节选）

1）价值观：诚信为本

栉风沐雨赴一场"赤壁"之战

8天8夜的"攻坚战"

朱班长与老刘的跨国抢修记

十二小时铸就"四大件"

四天时间，两项专利

2）价值观：创新为赢

闯出"空气储能"新赛道

跑现场，跑出"22+2"最快工期纪录

业务创新引领公司新征途

欲要创其效　必先改其善

"三大""三小"队伍提升激发原动力

3）社会责任

大山深处有亲情

跃峰渠畔的湘军情

共克时艰的四天四夜

防台防汛进行时

没有人喜欢说教，每个人心中都自有主张，但人们都愿意听故事。故事不是为了收集而收集，核心目的是让员工通过文化故事来了解应该如何做事，并效仿故事中的做法，形成行为习惯，形成文化自觉。

同时，文化故事集不仅对企业内部人员有影响力，对社会、客户、上下游等都能产生影响力，是企业品牌形象和社会责任的良好载体。

2. 营造"文化场域"：树正气，立标杆，造氛围

文化场域是企业长期形成的价值观、工作方式、行为规范等所营造的

相对自主的空间，能对身处其中的每一个人产生作用力和影响力。

每个场域都有独特的规则和行为逻辑，场域中的每一个人都需要遵循这些规则，才能获得认可。基于这个特性，文化场域能发挥增强凝聚力和牵引员工行为的作用。营造文化场域的途径有以下几个：

（1）树立良好风气，遏制不良风气

日本"经营之圣"稻盛和夫说过："许多人认为，企业的经营最重要的是确立经营战略，但我认为，最重要的是那些看不见的公司风气和员工的意识。也就是说，每一个员工都能以自己的公司而自豪，都能够发自内心地为公司服务。"

企业风气是日常运营过程中逐渐形成的一种心理和行为状态，是文化场域中看不见的部分，就像一阵风，虽然看不见，但能够被直观地感受到。

企业风气传递着企业的文化内涵和价值判断，风气的好坏直接影响着企业的发展。

1）公司要树立良好的风气。好的风气一般是行为准则中倡导的部分，是每一位员工做事的判断基准和行动规范。为此，需要加大渗透力度，采用多种管理方法将好的风气渗透到每一位员工的心里，让全体员工共同自觉遵守，对企业的经营产生正向影响。

2）遏制不良风气。不良风气一般是行为准则中反对的部分，比如推诿拖延、流言蜚语、形式主义、贪污腐败等，这些不良风气，是公司反对的，但长久以来形成的习惯让很多人觉得这套规则在企业内有用。只要不遏制，就会一直存在。

看一家企业怎么样，就看企业是良好风气多于不良风气，还是不良风气占上风，这种直观的感受有时候比调研还准确。

干部对风气的形成负主要责任。如果整体风气不好，干部要通过行为示范、警示预防等管理手段来遏制，同时，还要通过自己的行动扭转不良风气，引导企业树立良好风气。

（2）树立标杆，广泛宣传

企业的宣传大多是围绕着企业家或高管展开的，而在文化落地过程中，要重视"一线"的力量，围绕文化理念和价值观的落地，让那些真正践行文化和"用"文化打了胜仗的一线员工"上头条"，让他们的先进事迹和符合价值观的做法被更多人看见。

不一定非要在年底荣誉表彰时才开始做宣传。平常，对于打胜仗的团队和个人，对于践行价值观特别好的一线员工，要第一时间通过文字、视频、情景短剧等形式，通过线上线下传播平台，及时进行立体传播，形成铺天盖地的互动效果，把标杆树起来。

榜样的力量是无穷的，通过树立标杆并广泛传播标杆案例，让全员有样学样，树立并坚守正确的文化理念和价值观。

优秀的企业会随时树立并广泛宣传各种先进标杆，或催人奋进，或引人深思，用一种无形的力量让全体员工朝一个方向走。

（3）布置环境，营造氛围

办公场所的环境布置和氛围营造，是文化场域形成的重要因素，它能将抽象的文化理念和价值观，转化为可看见、可感知的东西，触发员工潜意识的认同，促使文化理念和价值观倡导行为的发生。

"文化上墙"虽然被诟病，但大家都选择这么做，是因为它有着无可比拟的优点——通过空间符号替代文字说教，减少大脑处理抽象概念的能量消耗。比如，加班到晚上9点多，抬头一看，除了天上的明月，还有办公室墙上的"公司使命"，随手拍张图，瞬间打开了升华价值和意义的开关，赋予加班这个普通行为以坚守初心、追求梦想的意义。

还有一些植入文化理念的、独特设计的可视化道具，比如荣誉奖牌、文化周边物品，成为共同的记忆载体，让人产生强烈的组织身份认同。

环境和氛围正是通过不断地强化，不断地给予刺激，不断地影响潜意识，进而影响人的行为。

3. 激发"文化自驱"：敢于文化放权，鼓励文化创造

文化自驱是文化建设与落地所能达到的最高境界，即在没有外驱力（上级的指令与监督）时，员工也能够根据企业的使命、愿景、价值观、文化理念来自动自发地做出有利于企业的行为。做到了文化自驱，就能实现高效的选择和决策，提升企业的管理效率。那么，如何激发员工的"文化自驱"呢？

（1）敢于文化放权，触发自驱力

比尔·盖茨认为："一个好员工，应该是一个积极主动做事、积极主动提高自身技能的人。这样的员工，不必依靠管理手段去触发他的主观能动性。"

不待扬鞭自奋蹄，自驱力才是持久的动力。企业的流程和制度再完备，也不可能管到每一位员工的每一项工作。比如，简单的操作工作也许可以通过指标考核来加以控制，但对于复杂的创造性工作，尤其是知识工作者，根本没法进行简单的机械考核。这时候，就需要把文化行为决策权下放，激发员工的自我驱动力，引导员工按照内心的价值观开展工作，发挥每一个人的力量，让大家朝着同一个目标前进。

有了自驱力，员工就能将文化理念和价值观转化为内在动机，做到自动自发，在接到工作任务后，自然地按照文化理念和价值观要求做事，主

动担当，充分发挥自身的主观能动性和责任心，尽最大努力把工作落实到位，对结果负责。

（2）鼓励文化创新，激发创造力

文化自驱还表现在以极强的"主人翁意识"，对文化理念和价值观进行主动创新。文化是面向未来的，在当下文化落地过程中，必然会有很多新问题出现。为此，企业要积极营造一个开放、包容、创新的氛围，鼓励员工积极思考，及时总结，自觉自愿地进行文化创新。

另外，企业也要积极营造激发员工文化创造力的氛围，鼓励员工突破组织的边界，从企业外部的大环境与产业生态的角度，来向内审视企业的文化体系，对于跟不上时代和产业发展的情况，要勇敢迭代和更新。

两相结合，企业也就形成了一个"自上而下、由内而外传导"+"自下而上、由外而内反馈"的文化新体系。

小结

判断企业文化是否成功落地的标志就是14个字：自我驱动，自动自发，形成文化自觉。

文化自觉状态下，企业中的每一位员工在没有上级"外驱"时，也能自动自发地去做该做的事，以超强的责任心，积极主动、自觉高效地执行与落实工作。

要达到文化自觉的高阶状态，企业要主动练习文化心智、文化场域、文化自驱这"三招"，从传统的文化自上而下宣导、渗透、规范的单向模式，切换为"自上而下、由内而外传导"+"自下而上、由外而内反馈"的双向模式。

第二节　给文化算笔账，让文化有现实结果

文化有没有用？怎么衡量它有用？为什么感觉不到它有用？文化项目放在很重要的位置，收效为什么达不到预期？这是近两年我在谈项目过程中经常会遇到的问题。

在一次和企业家的面对面交流中，他开门见山就问："吴老师，我是做企业的，不像你们咨询顾问，喜欢文绉绉地说话，我就喜欢算账，你说，文化项目能带来多少收益，你先给我算笔账。"

我当时是这么回答的："董事长，我也喜欢数据说话。我的经验是文化项目始于形而上学，凝心聚力，但终于形而下学，营收、利润、人效都要提升，文化有用，也要能产生现实结果。"他先是说我"吹牛"，随后问我怎么做到。本节，我们就来算一算账。

1. 财务结果

认知一变，行为就变。行为一变，结果就变。文化作用于财务结果，不是直接产生的，而是通过文化理念和价值观的认知改变，做出行为改变，形成全员的共同行为习惯，实现增效、降本。文化具体做出了多少贡献，无法科学地直接测量，但可以通过公司高层对文化的投入意愿来间接衡量。

（1）增效：业务收入增长

将企业文化项目开展前后的每年营业收入、利润情况进行对比。

文化效果的衡量，首先要跟运营绑定，原因有两方面：一方面，文化要助力业务打胜仗，用文化理念牵引现实业务问题的解决。另一方面，企业文化作为基本的管理哲学，作为一个管理工具，对管理效率和效益的提升负责，理应在管理端出成果，也就是管理效率的提升。

虽然功劳不全是企业文化，但作为企业整体运营系统的一个重要部分，企业营收和利润的增长中有文化的贡献。这个指标不好量化，但可以通过高层对文化的投入意愿间接进行衡量。具体操作上，可以在做年度工作规划的时候，观察运营总监是否发自内心地觉得文化有用，是否继续强调文化的重要性，是否在预算中有文化资源的投入，文化在组织架构中的设置是一级部门还是二级部门抑或三级部门，等等。

（2）降本：成本降低情况

文化理念和价值观转化为行动，助力企业降低运营成本，包括人、财、物的成本。

显性的降本可以通过数据来反映，比如，当每个员工都知道并遵照"一次把事情做对"的行为准则时，产品制造部门返工的成本就会降低，人力资源部门招聘人才的重复成本也会降低。又比如，当企业把"总成本领先"作为企业的经营管理原则时，企业在需要新设机构或进行部门组织架构调整时，就会考虑预期收益要大于组织成本，并提升经营管理的效率和质量；运营部门会着力于自动化生产线的研发，争取以最低的成本，在最短时间内达成效益最大化；行政部门会进行办公用品的比价。

同时，企业还有一项很大的隐性成本，那就是决策成本和信任成本。

文化提供的是决策的原则，为此，在企业面临多项选择时，能给予相对明确的方向，提升决策的速度，从而减少了中高层的决策成本；文化识别和甄选的是"同路人"，他们说着共同的文化语言，秉持着相同或类似的价值观，按行为准则做着同样的事，这更容易让他们相互信任，凝心聚力。

2. 人才结果

文化是直接作用于人的，为此，人才衡量相对来说可以有更多的维度。企业常用的衡量方式有以下几点。

（1）人才匹配度

人对才能事成，在找到"同路人"实现共同目标的过程中，首先要招聘和留住合适的人才。对于企业来说，和企业价值观匹配的人才是性价比最高的。企业家及其核心团队是否"同路"、是否对企业有共同的目标和认识、是否具有长期的奉献精神、是否拥有共同的价值观和决策依据，都是人才匹配度的重要考量。

比如奈飞，招聘时明确要求"只招成年人"，这个"成年人"特指对成功有强烈渴望的人，而不是生理意义上的成年人。为什么《奈飞文化手册》第一条就是这个？因为奈飞对所需人才有一个基本假设：伟大团队里的每一个人都知道自己要去往何方，并愿意为此付出努力。有了这个假设并基于假设去实践，那就解决了人才匹配度的问题，招进来的都是企业需要的自驱主动型的人才。

人才匹配度也可以进行量化衡量，计算方法为：

"同路人"含量 = 企业价值观行为考核合格人数 ÷ 总人数 ×100%。

（2）人效

企业文化对于提升企业人效发挥着重要作用，不仅影响员工的工作动机、态度和行为，也是实现员工自我驱动的核心因素。

1）明确方向，自我驱动。企业有方向，员工心不慌。使命、愿景、价值观明确了之后，员工就理解了企业的存在意义和未来方向，从而产生自驱力，实现从"被动要求"向"主动创造"的转变。

2）增强认同感和归属感。优秀的企业文化能够让员工凝心聚力，增强认同感和归属感，从而提升人效，提高工作效能。

人效的计算有多种方法，比如：

$$人均净利润 = 净利润总额 \div 员工人数$$
$$元效 = 销售收入总额 \div 人工成本总额$$

（3）员工满意度

员工来到一家企业，是有预期的。从接受面试的那一刻起，员工就开始对企业的职业发展机会、工作环境、人际关系、组织氛围、管理方式、沟通机制、薪酬福利等进行观察，看企业能否达到自身的预期。而这些要素都是文化产生作用的表征。员工的满意度高，同步反映出文化通过渗透、领导示范、制度产生了好的结果。这一部分可以通过在每年年底发放并回收《员工满意度调查问卷》获得量化的答案。

（4）员工内推数量

员工是否愿意推荐自己的亲朋好友加入公司，也是衡量企业文化做得怎么样的一个指标。老员工就是企业的"闻味官",他们对企业的未来、价值观、环境和氛围有着深切的感知与体会,内推数量反映了他们对企业的信心指数。内推的人数多,说明他们很愿意把公司推荐给外部的亲朋好友,并推荐有相同价值观的亲朋好友加入公司。

这个指标很好衡量,一方面,可以以年度为单位,做一个内推入职人员数量和"通过试用期"人员数量的统计。另一方面,也可以用员工净推荐值(Employee Net Promoter Score,简称 eNPS)作为指标,通过询问员工一个简单的问题:"从 0 到 10 分,您有多大意愿向朋友或家人推荐来本公司工作?"根据员工的回答将其分为三类:推荐者(9~10 分)、被动者(7~8 分)和贬损者(0~6 分)。

(5)员工流失率

员工离职的原因主要是两点,一是钱太少,二是委屈。两者指向的都是离职员工和直属上级之间的矛盾。文化的价值与效果大多体现在人的变化上,首先体现在干部行为方式的变化上,上行下效,干部的变化带来员工的变化,干部的文化领导力决定员工是留存还是流失。为此,如果某个干部的下属员工尤其是优秀员工流失了,那可能是这个干部的文化领导力出了问题。

其次,看流失的员工是什么类型的,是良币驱逐劣币,还是劣币驱逐良币。比如,企业文化的导向是不让"雷锋"吃亏,但大量流失的偏偏是"雷锋",这就说明,企业文化的理念和实际操作是"两张皮",员工会质疑文化。再比如,企业宣称的理念是"物质、机会和荣誉都要向高价值创造者倾斜",但实际得到晋升的都是老板的"近臣"和"外戚",那么,"能臣"和"猛将"就不会相信老板,也不会相信企业,未等事业有成,就离职了。这样的人才流失,恰恰说明企业的风气不好,企业的隐性文化有毒,宣称的那套文化体系自然而然也就作废了。可以用多个指标进行衡量，如：

离职率＝特定期间内离职员工数÷特定期间内的平均在职员工数×100%；

离职成本＝离职前低效成本＋交接成本＋招聘成本＋培训成本＋适应成本＋机会成本；

关键岗位储备率＝关键岗位储备人才数量÷关键岗位需求数量×100%。

（6）员工与企业沟通的意愿度

员工是否愿意积极主动和企业沟通，这也在一定程度上反映了企业文化的健康状况。随着数字化办公平台的普及，企业即时通讯工具的已读不回率、电子邮件打开率、内部网站阅读量、企业公众号内容的转发率，等等，都反映了企业和员工之间的互动情况。

比如，某企业的年度文化审计过程中，发现该公司企业微信的已读不回率很高、各种调查问卷的回收率很低或撒谎卷比例很高（全打5分，连反向题也打5分）、内网阅读量为个位数，等等，这都说明了员工对该企业的失望程度较高，热情不再，在文化建设和落地上要引起高度重视和深刻反思。

3. 做事效率

文化的现实结果也反映在做事的效率上。

（1）内部沟通效率

企业文化理念和行为准则是企业内部语言的集大成者，《基本法》《共同纲领》《共同行为准则》就是一套企业内部语言，统一了语言，并在工作中时时处处使用这套语言，便为沟通效率的提升打好了基础。

企业中，员工来自五湖四海，各有各的工作经历，自带工作理念和价值观，沟通成本是很高的。为此，当大家都使用同一套语言体系的时候，能够用最简洁明了的话语表达同一个意思，在较短的时间内，以较低的成本达成共识，无形中降低了沟通成本，提升了沟通效率。

沟通的结果是达成共识，为此，沟通效率是否提升，可以用个体与个体之间共识达成平均时长、集体决策中的共识达成平均时长来衡量。

（2）协同效率

跨部门之间的合作是否高效，是否存在不同部门、上下道工序之间的协作障碍，是企业管理效率的重要观测点。

小企业的时候，协同成本并不高，老板一个人就把所有该协同的事情做完了，大家照做、执行就可以高效运转。企业规模一旦扩大，老板协同不过来，就需要部门和部门之间突破"部门墙"，通过部门协同、团队协同、流程协同等方式，一起把事情做成。尤其是需要跨部门协同的项目，协同难度很大，能快速达成协同是项目成功的重要保证。

协同效率的衡量，可以用"文化协同效能"指标：

文化协同效能＝跨部门协同的项目数÷总项目数×项目成功率。

（3）制度执行效率

制度和流程体现的是企业的硬实力，而文化体现的是企业的软实力。对文化嵌入制度的评价可以从以下几点入手：

1）制度设计和制定的依据是不是企业的文化理念和价值观。
2）制度的执行过程是否和行为准则要求相符合。
3）制度是否得到了有效贯彻实施，员工有没有在工作中"用"文化，效果如何，制度实施前后有无明显的变化。

可以通过访谈、问卷调查、田野调查等，评估制度实施前后的变化情况。

小结

文化建设与落地需要企业投入很多的资源，投入资源追求投资回报率，这无可厚非，企业文化本身也需要现实结果来支撑下一次的文化建设与落地。

同时，经济基础决定上层建筑，没有现实结果会严重地损害企业做文化工作的积极性和投入度。但企业文化的价值衡量一直存在一个误区，大家普遍认为文化"无法量化""不能评价""算不了账"，做的分析大多也是定性的。

其实，企业文化在财务、人才、客户、产业链、效率等维度都能产生结果，本节选择财务、人才、做事效率三个维度进行评价和衡量的打样，是为了起到抛砖引玉的效果，企业可以探索更多的评价方法和衡量指标。

文化也能用数据说话，企业要突破"算不了账"的认知误区，将抽象的文化转化为可量化的数据，构建起一个可追踪、可货币化的文化评价指标体系，给文化好好算笔账。

文化现实结果的评价和分析，需要定性定量相结合，对传统的定性分析提供定量数据的补充，让文化产生的现实结果评估更全面、更系统。只有这样，才能真正让企业觉得："文化这笔投资，值！"

第三节　企业文化的生态进化

文化像科学，科学的传承是江山代有才人出，要在前人的基础上传承、扬弃、迭代、精进，让文化 DNA 在动态适应中持续进化。

企业的改变可以分为两种，一种是革新性改变，另一种是精进性改变。不是一条直线向前走，而是波浪式前进，螺旋式上升。

对人的管理，是企业管理中最复杂也是最重要的工作，不可能一劳永逸，也没有绝对的真理，需要不断更新和不停地探索。文化管理作为对人进行管理的一种方式，不能机械地传承，而是和着企业经营发展和战略布局的节拍，自我调整、自我迭代、自我进化。

1. 复盘总结

上一节一直在算账，但算账本身不是目的，也不是为了证明企业文化建设和落地有多成功，更不是企业文化建设的终点。

事实上，算账只是一个文化建设和落地阶段的评估和反馈，以识别企业文化在落地过程中的问题和差距，为的是在后续文化建设中不断优化改进文化建设和落地实践模式，形成持续改进的状态，以确保文化和组织前进方向的一致性。

企业文化建设和落地之后，就要及时进行复盘总结。复盘，是指对过去所做的文化建设和落地工作重新"放一遍电影",通过对过去的思维和行为进行回顾、反思、探究,找到问题产生的原因,形成规律性的结论,指导后续的文化迭代,解决问题,提升能力。

复盘总结在企业实践中,也叫"文化审计"。叫法不重要,目的是一样的,都是向内审视、自我开刀,从目标出发,从瓶颈着手,找到问题和差距,抓住问题的本质,持续改进完善文化在未来的表现。

如何开展文化建设和落地工作的复盘?和其他工作的复盘类似,具体流程如下(见图5-2):

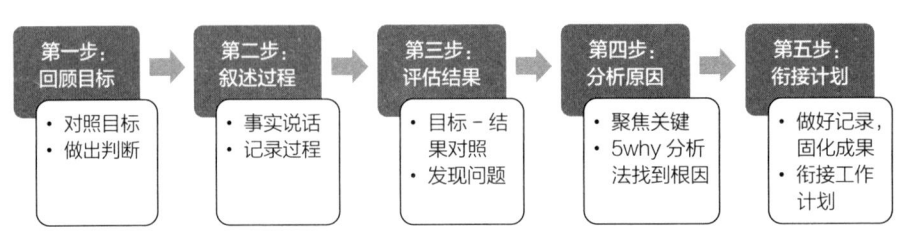

第一步:回顾目标	→	第二步:叙述过程	→	第三步:评估结果	→	第四步:分析原因	→	第五步:衔接计划
• 对照目标 • 做出判断		• 事实说话 • 记录过程		• 目标-结果对照 • 发现问题		• 聚焦关键 • 5why分析法找到根因		• 做好记录,固化成果 • 衔接工作计划

图 5-2 复盘的步骤

复盘并不复杂,主打真实和真诚。主要是问一些问题,通过诚实、客观地回答这些问题,复盘才能取得好的效果。从这个角度来说,复盘又并不容易,因为人很难对自身不足"下刀子"。

复盘中每个步骤要问的问题,见表5-1。

表 5-1 复盘演练

阶段	关键活动	主要问题
回顾目标	目标澄清	• 当初的预期是什么? • 想要达到的目标是什么? • 事先设想要实现的关键结果是什么? • 当初为什么定这样的预期? • 行动的初衷是什么? • 为了实现目标,采用的策略、制订的计划是什么?

续表

阶段	关键活动	主要问题
叙述过程	客观描述事实	• 从开始到结束，整个过程是怎样的？ • 关键事件是什么？ • 决策点是哪几个？
评估结果	亮点/不足	• 实际结果是怎样的？ • 与预期目标和关键结果相比，哪些地方做得好？亮点是什么？ • 与预期目标和关键结果相比，哪些地方有待改进？不足是什么？
分析原因	成功的关键因素/失败的根本原因	• 对于亮点，主观原因有哪些？客观原因是什么？ • 对于不足，主观原因有哪些？客观原因是什么？ • 走向成功的关键因素是什么？ • 导致失败的根本原因是什么？
衔接计划	改善建议/行动计划/规律心得	• 我们可以从这个文化建设和落地周期中学到什么？ • 有哪些可以坚持或推广的做法？ • 有哪些做法待改进？ • 接下来该衔接的工作计划是什么？ • 哪些是可直接使用的？ • 哪些是其他层级才能处理的？是否要向上呈报？

在做复盘时，要注意的是：复盘的重点不是罗列当年具体做了哪些事，而是深入业务一线，客观、多维度评估一年来文化落地的真实情况，对文化建设和落地工作进行全面、系统的检测，看到一年中发生的显著变化，重点需要说明企业的文化优势、存在的文化问题、未来文化发展等内容。为来年的文化工作开展与改进，提供重要的依据和支撑。同时，加深与业务部门的链接和交流，取长补短，更好地推动部门文化建设。

另外，每一次复盘总结对企业来说，都是经验和知识的沉淀，在这个过程中，注意把经验都写下来，沉淀到组织层面，进行内部共享，促进全员成长。简单来说，复盘的主要内容是回顾预期是什么、过程中发生了什么、哪些与预期相符、哪些与预期不符、原因是什么、后续如何改进。

复盘总结是构建"企业文化免疫系统"的重要环节，通过定期开展复盘总结，找到文化建设和落地过程中的优点和缺点，关注未来的持续提升，实现文化的纠偏与动态进化。

2. 迭代改进

找到问题不是目的，迭代改进才是目的。做完了复盘总结，未来的改进方向就清晰了（见图5-3）。

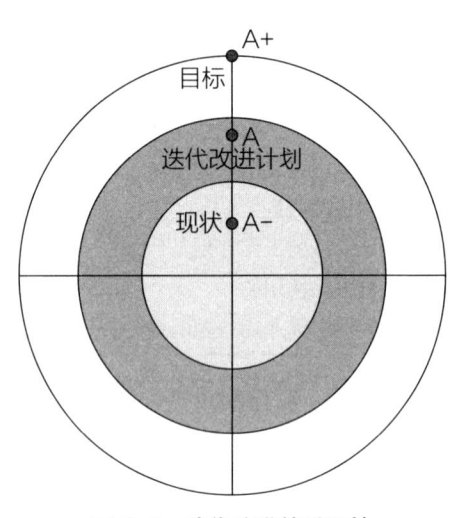

图5-3 迭代改进的重要性

图5-3中，A+所在的圆圈是企业要达成的目标，比较高远。A-所在的圆圈是复盘总结得出的结论，是企业的现状。A+和A-之间，就是目标和现状之间的差距。要填补这个差距，就要列出迭代改进计划，即A所在的圆圈。当A不断扩大，接近A+的时候，企业的目标就达成了。

迭代改进的方法有很多，这里介绍大家比较熟悉、效果也比较好的PDCA循环（见图5-4）。

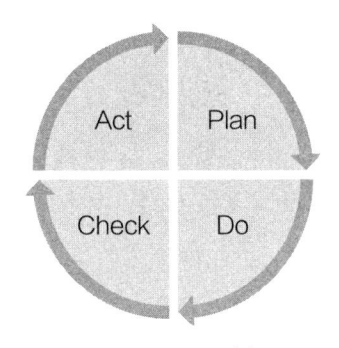

图 5-4 PDCA 循环

PDCA 是一种常见的迭代改进方法，能使各项活动有效进行的合乎逻辑的工作程序，可以使我们的思路和工作步骤更有条理，在确保达成目标的前提下提升工作效率。具体如何操作呢？

P（Plan 计划）阶段：凡事预则立，不预则废。计划就是列出文化建设下一轮迭代改进要达成的目标，分解具体的实施路径，对于每条路径进行行动举措分解。这个过程，就像数学中的因式分解。注意不要分解得过细，一旦撒胡椒面平均用力，就很难实现目标，一定要聚焦于关键行动举措。心理学研究发现，人的注意力宽度是 5±2 项，即 3~7 项，最多不要超过 7 项，超过了就很难被记住了。

D（Do 实施）阶段：谋定而后动，有了计划之后就要执行，否则做计划就失去了意义。在实施阶段，要列出行动举措的优先级，然后将行动举措落实为具体任务，立即行动，大胆实践。这个阶段，可以用"清单管理"工具，把所有的具体任务列在一张 A4 纸上，每个项目成员人手一份，张贴在办公桌显眼处，甚至可以做成"看板"，公开张贴在部门公告栏上，做一项打一个"√"，并接受同事监督。在这个阶段，最忌讳的是思想上的摇摆造成行动上的拖延，非但自我内耗，还影响整体目标的达成效率和效果。

C（Check 验证）阶段：客观地做好记录和分析，边实践边观察目标的实现情况，实时监测整体效果，随时验证行动举措和具体任务的有效性。这个阶段最忌讳主观臆断。在实践中，也可以归纳总结为 S（Standard）阶段，强调的是执行之后要及时复盘总结，并将结果进行"固化"，让经验或教训沉淀到组织层面，成为企业持续高质量发展的知识资产。

A（Adjust 调整）阶段：对于验证的结果进行调整决策，决策包括三种，即改善、终止、继续。改善针对的是验证时效果没有达到预期的情况；对于验证明显无效的行动，及时终止；对于验证有效且明显改善的情况，就继续实施，直至达成最终目标，即图 5-3 中的 A+。

对于企业来说，迭代改进计划是为了填补目标和现状之间的差距的，要尽快推出基于核心问题解决的工作计划，大胆假设，小心求证，快速迭代，最终实现目标。在这个过程中，要注意一点，完成比完美更重要。一般来说，前一年的 9 月就应该启动复盘总结，在 12 月制订完成来年的迭代改进计划，元旦起就要开始实施。但很多企业，迟迟不决策，改了七七四十九稿还不满意，我见过夸张的企业，直到 7 月才把当年的工作计划定下来，这就不是简单的效率低下问题了，而是文化出了系统性问题。

具体多长时间做一次文化的迭代改进，根据企业的实际情况来确定。有的企业喜欢做长线，恨不得做一次管十年；有的企业每年做一次迭代改进，跟生产经营进行复盘一样，对企业文化工作的开展情况复盘后马上进行改进；有的企业直接就嵌入在生产经营复盘中。

总的原则是，文化的迭代改进要匹配业务的变革与发展。没有特别的技巧，就是养成 PDCA 的习惯，有意识地将其作为思考的方式、行动的思路、有意识地"用"起来，就能融会贯通，得其精髓。

3. 螺旋式上升，生态型进化

如果文化的传承是机械传承式，那么，文化建设与落地的流程就是：建设→固化→衰退。这也是很多企业和企业家得出"企业文化没有用"结论的主要原因。

如果采用动态传承式，那么，文化建设与落地的流程就是：建设→变异→选择→进化。它的逻辑是：文化建设一开始就跟战略对齐，但随着业务的变革与发展产生变异，企业通过复盘总结，选择那些适用且能促进目标实现的文化理念，摈弃那些阻碍目标实现的文化理念，不断迭代改进，实现文化的生态型进化。

哈佛大学约翰·科特教授的研究证实了这一点，他发现，对企业最有利的文化，是灵活适应型的文化，这种文化的核心是以客户和市场为中心，不断通过变革适应环境的变化。

结合前两节的复盘总结和迭代改进，生态型进化呈现出螺旋式上升的态势（见图 5-5）。

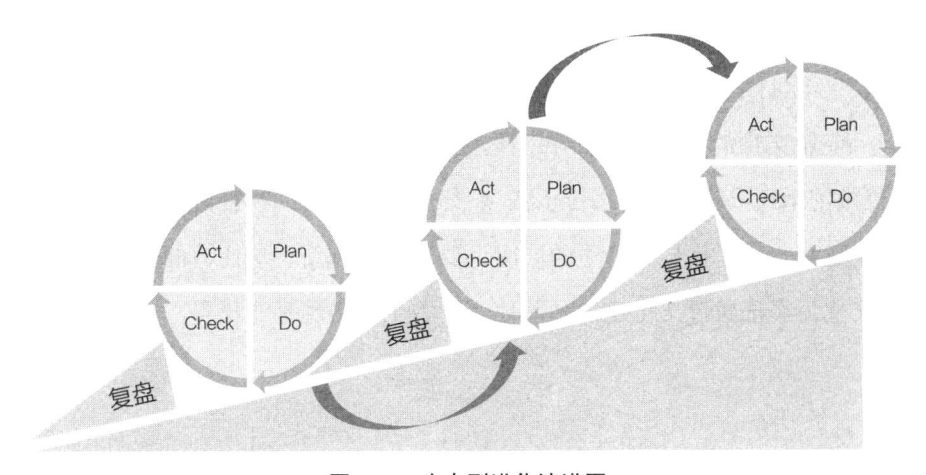

图 5-5 生态型进化演进图

文化工作的精进，是一个 PDCA 接着一个 PDCA 的螺旋式过程。图 5-5 就呈现了进化的演进路线：做完一次复盘总结，明确迭代改进计划→通过一个 PDCA，达成迭代改进→再进行复盘，复盘后变强→到达一个新的高度，提出更高的目标→开始新的 PDCA。如此周而复始，通过一个又一个螺旋，推动企业文化不断演进，越做越强，迈向更高的层次和目标。

文化不是一成不变的，而是一个动态的过程。在不同的企业发展阶段，面临的现实问题和价值诉求不同，会导致文化内容和表现形式都发生变化。为此，不要把文化机械地"做死"，文化创新、迭代、进化才是文化发展的不竭动力。

小结

只有持续复盘总结才能迭代改进，只有持续迭代改进才能成长，只有成长才能走向成功。

文化不是一次性行为，在当前快速变化的经营环境下，要及时对文化与组织氛围进行评估，复盘总结，进行循序渐进的迭代改进，实现让文化 DNA 匹配业务的迭代、升级或变革。

企业文化的螺旋式上升和生态型进化，实质是将文化建设和落地从"机械传承式"转向"动态传承式"。如同生态系统的物种协同进化，优秀的企业文化在保持核心价值的同时，要能持续创新、迭代，催生进化出新的文化，真正通过文化建设和落地，助力企业实现基业长青，成就伟大企业。

后　记

在企业文化领域，有一个现象值得深思。

一方面，是赞誉之声。

格鲁夫说："企业文化是英特尔的核心竞争力。"

西南航空表示："对手唯一不能模仿的就是我们的文化。"

方太董事长茅忠群说："如果方太只有一样东西可以保留，唯一可以传承的就是文化！"

胖东来董事长于东来说："文化是什么呢？在我的心中，文化就是信仰，信仰鞭策我们的行为，让我们怎样去思考，让我们怎样去做事，什么样的事情怎样做，什么样的事情不能做。"

……

另一方面，是质疑之声。

很多企业不停地向文化发出"灵魂三问"："企业文化到底有没有用？""有多大作用？""怎么起作用？"

无论是赞誉还是质疑，不可否认的一点是：文化就像树根，深深地扎根在企业这片土壤中。

本书的写作初衷就是四个字——真诚＋热爱。基于对客户企业的文化建设与落地的实践总结，从胜利中找标杆，从失败中找方法，形成了一套可以直接拿来用的方法论。

当然，企业各有各的情况。为此，在阅读本书的过程中，一个基本的原则就是"学魂不学形"。什么是"魂"？就是工具和方法背后的理念、思维和逻辑。这个，才是该学的地方。

最后，再强调一下，文化建设和落地目标的达成，请相信过程。重要的事情说三遍：

文化用了才有用！文化用了才有用！！文化用了才有用！！！